Introduction à la théologie évangélique

Introduction
à la **théologie**
évangélique

MÉDITER, RESSENTIR ET CROIRE
LES VÉRITÉS ESSENTIELLES

ÉDITÉ PAR
KEVIN DEYOUNG

JONATHAN LEEMAN ▪ ANDY NASELLI ▪ GREG GILBERT
BEN PEAYS ▪ JAY HARVEY ▪ OWEN STRACHAN
RUSSELL MOORE ▪ TIM CHALLIES

ÉDITIONS
IMPACT

Table des matières

    Greg Gilbert

    Pour approfondir le sujet 55

4. La nouvelle naissance : « Il faut que vous naissiez
    de nouveau » 57
    Ben Peays

    Beaucoup s'en réclament, peu sont en mesure de
        le justifier 58
    Comprendre le salut 61
    La nouvelle naissance : ce qu'elle est 63
    La nouvelle naissance : pourquoi est-elle nécessaire ? 63
    La nouvelle naissance : ce qu'elle change 64
    Pour approfondir le sujet 72

5. La justification : pourquoi préférer la nouvelle
    du « Seigneur notre justice » à celle du
    « Seigneur notre modèle » 75
    Jay Harvey

    Première affirmation : la justification est personnelle 76
    Deuxième affirmation : la justification est un acte 77
    Troisième affirmation : la justification s'opère
        par imputation 79
    Quatrième affirmation : la justification s'obtient
        par la foi seule 82
    Deux façons problématiques de concevoir
        la justification 84
    Conclusion : l'importance de la justification 87
    Pour approfondir le sujet 89

CHAPITRE 1

Dieu

UN ÊTRE DIFFÉRENT

JONATHAN LEEMAN

Vous pensez peut-être que Dieu ressemble à Superman. Fondamentalement humain, il possède néanmoins des pouvoirs étonnants. Il aime voler au secours des gens, du moins s'il arrive à temps. Il est cultivé, adopte les bonnes manières et affiche un comportement politiquement correct. Il ne fait jamais pression sur le libre arbitre des êtres humains. Il défend la vérité, la justice et tout ce qui va avec.

Peut-être comparez-vous Dieu à Morgan Freeman. Dans un des films que j'ai vus, Freeman dépeint Dieu sous les traits d'un vieillard au rire de grand-père. Il est honnête et attentionné tout en mettant les gens à l'épreuve. Heureusement, les leçons les plus difficiles qu'il leur enseigne sont pour leur bien.

Il se peut également que votre idée de Dieu ne soit pas aussi positive. Franchement, vous êtes plutôt méfiants. La vie n'a pas toujours coulé sans heurts pour vous, et le monde est bien trop sombre pour en espérer quelque chose de bien.

Nous avons tous des idées légèrement différentes concernant la personne de Dieu. Il est d'ailleurs probable que notre cadre de référence influence notre concept de Dieu. Une chose est cependant certaine : dans son état naturel, chacun de nous pense que Dieu lui ressemble. Nous croyons que Dieu s'irrite contre les choses qui nous irritent, et apprécie les choses que nous apprécions. Nous pensons qu'il aime les personnes que nous aimons et qu'il déteste celles que nous détestons. Même lorsque nous agissons mal, nous supposons que Dieu comprend notre façon d'agir et qu'il n'en fait pas tout un plat.

Nous savons que Dieu a une connaissance supérieure à la nôtre, qu'il est moralement supérieur, qu'il est « meilleur ». Cependant, nous continuons de supposer que de manière générale, Dieu est sur la même longueur d'onde que nous quant à la justice et la morale, qu'il partage nos idées sur l'amour et la sexualité, sur nos politiques et nos passions, sur notre jugement à propos d'une soirée qui se passe bien et d'une vie digne d'être vécue. Au fond, il est comme nous… Comme moi.

C'est justement cette idée qui est à la base de ce que la Bible appelle notre péché. Le serpent avait promis que nous pouvions être « comme Dieu », ce qui est une autre façon de dire : « Dieu est comme toi ; agis donc à ta guise. » Ce mensonge, nous l'avons cru depuis l'origine. En langage théologique, nous nous justifions de ce que nous accomplissons ou laissons inaccompli. Chaque tâche accomplie, chaque amour recherché, chaque pièce dans laquelle nous entrons, chaque pensée méditée, tout cela s'inscrit dans le grand projet de nous justifier et de justifier notre bonté ; de légitimer notre droit de commander et de déterminer ce qui est bien et ce qui est mal ; de prouver que Dieu est comme nous.

Mais Dieu est-il vraiment comme l'un de nous ? Comme moi ?

Moïse fait remarquer que « nul n'est semblable à l'Éternel, notre Dieu » (Ex 8.6). Le roi David affirme la même vérité : « [...] nul n'est semblable à toi » (2 S 7.22). Salomon, le fils de David, déclare lui aussi : « Il n'y a point de Dieu semblable à toi » (1 R 8.23). Finalement, Dieu affirme clairement : « Je suis Dieu, et nul n'est semblable à moi » (És 46.9).

Qu'entend la Bible quand elle dit que Dieu n'est pas semblable à nous ? Depuis l'époque de l'Église primitive jusqu'à nos jours, certains théologiens ont utilisé ce genre d'expressions pour dire que nous ne pouvons pas connaître Dieu dans son être profond. Il est d'une espèce différente et nous ne pouvons le cerner par quelque analogie que ce soit concernant l'être. (Les musulmans affirment quelque chose de similaire.) Examinons le contexte des passages cités. Ceux-ci n'affirment pas notre incapacité à comprendre Dieu. Pour eux, Dieu n'est pas semblable à nous dans la mesure où son dessein ne peut être contrecarré ; la puissance de Dieu dépasse ce qu'il est possible d'imaginer et sa bonté est stupéfiante ; sa grâce est déconcertante et il étend son amour sur ceux qui ne le méritent pas. Il connaît la fin dès le commencement.

Étant donné que nous nous efforçons sans cesse de le réduire à notre image, la Bible ne cesse de répéter qu'il n'est pas semblable à nous. Nous enfermons Dieu dans nos univers mentaux. Nous l'apprivoisons et le façonnons à notre ressemblance. Quelle folie ! Il est le Dieu qui a créé l'univers par sa Parole, qui a détruit le monde par un déluge, le Dieu qui a foudroyé deux prêtres qui avaient offert de l'encens de manière non autorisée, le Dieu qui suscite des nations et les taille en pièces. C'est le Dieu qui a revêtu un corps de chair, qui est mort sur la croix et qui est ressuscité. Il nous commande à présent de nous offrir en sacrifices vivants, ce qui est notre culte raisonnable. Oubliez Superman, Morgan Freeman, ainsi que toute autre espèce de dieu qui nous ressemble. Dieu n'est pas semblable à nous ; il est infiniment plus majestueux et infiniment plus saint. On ne se moque pas de lui.

Le comble, c'est qu'il est *possible* de le connaître, certes pas pleinement, mais suffisamment. Dans la Bible, Dieu ouvre les portes de la salle du trône pour donner accès à la connaissance de sa personne. Nous pouvons entrer dans cette salle tout simplement en ouvrant notre Bible. Une fois à l'intérieur, que découvrons-nous ?

Dans la salle du trône du Dieu unique

Voici ce qu'une personne a vu, une fois à l'intérieur :

> Au-dessus du ciel [...], il y avait quelque chose de semblable à une pierre de saphir, en forme de trône ; et sur cette forme de trône apparaissait comme une figure d'homme placé dessus en haut. Je vis encore comme de l'airain poli, comme du feu, au-dedans duquel était cet homme, et qui rayonnait tout autour ; depuis la forme de ses reins jusqu'en haut, et depuis la forme de ses reins jusqu'en bas, je vis comme du feu, et comme une lumière éclatante, dont il était environné [...]. Ainsi était l'aspect de cette lumière éclatante, qui l'entourait : c'était une image de la gloire de l'Éternel. À cette vue, je tombai sur ma face, et j'entendis la voix de quelqu'un qui parlait (Éz 1.26-28).

Toute description est toujours éloignée de l'objet décrit. Le prophète ne peut parler que de ce qui ressemblait à un trône, qui était comme une figure d'homme, qui était l'image de la gloire de l'Éternel. Il voit ce qui n'a que la forme de ses reins, quelque chose qui est comme du feu. Pourtant, il semble qu'Ézéchiel ne voit pas Dieu lui-même, car « l'homme ne peut me voir et vivre » (Ex 33.20). Dieu se cache à notre regard à cause du péché.

Cela ne signifie cependant pas qu'on ne puisse vraiment connaître Dieu. Ézéchiel conclut sa vision par : « J'entendis la voix de quelqu'un qui parlait. » Dieu parle ! Songez à ce que les paroles de Dieu nous communiquent : ses propres pensées et la connaissance de sa personne (1 Co 2.11,12). Quand Dieu dit par exemple qu'il est amour, nous savons que dans son essence même, Dieu se définit comme étant amour.

Les théologiens font remarquer que notre compréhension de l'« amour » ne cadre pas parfaitement avec celle de Dieu ; les mots ne sont qu'une analogie. Cela ne veut pas dire que notre compréhension soit fausse. Dieu *agit* pour nous faire comprendre correctement ses paroles. Ainsi, le Psaume 136 s'appuie sur l'œuvre de Dieu dans la création et la rédemption pour définir ce que Dieu entend par « sa miséricorde dure à toujours ». Dans l'histoire de la rédemption, Dieu agit et parle de telle manière que ses actes concrétisent ses paroles et que ses paroles interprètent ses actes.

Une fois entrés dans la salle du trône divin, nous prenons d'abord conscience que Dieu est une personne, qu'il parle et agit. Il n'est pas une vérité abstraite que l'on discute ou une force que l'on ressent. Il devient possible de connaître Dieu par ses paroles et ses actes. Nous apprenons ensuite qu'en la présence de Dieu, nous devons nous prosterner, comme le prophète Ézéchiel. Pourquoi ?

La puissance et la plénitude du Dieu unique

Une discussion doctrinale digne de ce nom à propos de Dieu doit inclure plusieurs aspects, notamment le fait que Dieu est omnipotent, éternel, omniprésent, immuable, omniscient, pleinement spirituel et indivisible. Elle doit également aborder ses attributs moraux tels que sa bonté, sa justice, sa véracité, sa droiture, et bien d'autres vertus encore. C'est une façon de parler de la nature de Dieu ou de la nature de ses attributs. Dans l'espace limité qui nous est alloué, nous examinerons de près plusieurs attributs qui nous aideront vite à comprendre ce qui est la chose la plus difficile à saisir aujourd'hui, à savoir le fait que Dieu est un Roi devant lequel nous devons nous prosterner. Il est un Roi dont le pouvoir, la sainteté, l'amour et la gloire n'ont pas leur pareil.

Nous vivons à une époque obsédée par la question des droits et décidée à les faire valoir. Nous sommes réfractaires à l'autorité. Pour nous, la réalité gravite autour de nous comme si nous étions le centre du système solaire. Il n'est pas difficile de comprendre l'attrait qu'exerce un Dieu « Superman ». Superman est un personnage héroïque et passionnant ; il a pour avantage d'être à notre service et d'exiger très peu en retour. Or, que penser si Dieu est vraiment quelqu'un capable de détruire l'humanité entière par un déluge ? Ou s'il est une personne qui inspire la crainte et devant laquelle nous devons automatiquement nous prosterner face contre terre ? Cela ne va-t-il pas toucher toutes choses, comme si un nouveau soleil apparaissait dans le système solaire ? Cela ne changera-t-il pas notre façon de considérer le péché, de définir l'amour et d'évaluer notre importance ?

Commençons par les premières paroles de la Bible : « Au commencement, Dieu créa les cieux et la terre » (Ge 1.1). Qui est le sujet ? Dieu. Le récit de la création concerne avant tout Dieu. Toute l'histoire biblique s'articule autour de Dieu. L'histoire de notre vie pareillement. Dieu en est le personnage principal.

Dieu est tout-puissant. Rien n'existait. Puis, des choses sont venues à l'existence. Dieu est éternel. Il existait « avant » le commencement. Dieu se suffit complètement à lui-même.

Il a tout créé dans l'atelier de sa pensée. Comme l'a joliment dit un auteur : « Si vous voulez faire une tarte aux pommes à partir de rien, vous devez d'abord inventer l'univers[1]. » C'est ce que Dieu a fait.

La prise de conscience de la puissance et de la plénitude autosuffisantes de Dieu devrait nous fermer la bouche chaque fois que nous sommes tentés de penser que Dieu nous doit quelque chose ou que nous pouvons lui apporter une chose supplémentaire. Voici comment l'apôtre Paul interprète Genèse 1 : « Le Dieu qui a fait le monde et tout ce qui s'y trouve, étant le Seigneur du ciel et de la terre, n'habite point dans des temples faits de main d'homme ; il n'est point servi par des mains humaines, comme s'il avait besoin de quoi que ce soit, lui qui donne à tous la vie, la respiration, et toutes choses » (Ac 17.24,25 ; voir aussi Ps 50.10-12).

Dieu ne nous doit rien. Il ne se laisse pas manipuler par nos requêtes, nos revendications ou nos vantardises. Il ne nous est redevable de rien, et nous n'avons aucun droit indépendant de lui. Nous n'avons rien à lui apprendre, comme si le vase pouvait donner des leçons au potier. Celui-ci fait et défait le vase comme il lui plaît. Dieu est le Roi Créateur, et il est préférable de garder le silence en sa présence : « Ne te presse pas d'ouvrir la bouche, et que ton cœur ne se hâte pas d'exprimer une parole devant Dieu ; car Dieu est au ciel, et toi sur la terre : que tes paroles soient donc peu nombreuses » (Ec 5.1) ; « Que toute la terre fasse silence devant lui ! » (Ha 2.20).

La découverte de la puissance et de la plénitude autosuffisantes de Dieu procure un grand soulagement. Elle signifie que nous n'avons pas à nous éreinter pour le rassasier ou pour satisfaire le vieillard grincheux. Le Roi de l'univers est infiniment heureux ; le connaître, c'est donc se dorer à son

---

1. Carl Sagan, *Cosmos*, New York, Random House, 1980, p. 218 (traduction libre).

soleil. Cette découverte nous enseigne également que le salut est gratuit, acquis par la foi. Si Dieu est pour nous, toutes les ressources de sa puissance et de sa plénitude le sont également.

Mais Dieu est-il pour nous ?

La sainteté et la gloire du Dieu unique

Debout dans la salle du trône de Dieu, nous découvrons aussi sa sainteté et sa gloire. Écoutons le témoignage d'un autre prophète qui s'est tenu là :

> Je vis le Seigneur assis sur un trône très élevé […]. Des séraphins se tenaient au-dessus de lui ; ils avaient chacun six ailes ; deux dont ils se couvraient la face, deux dont ils se couvraient les pieds, et deux dont ils se servaient pour voler. Ils criaient l'un à l'autre, et disaient : Saint, saint, saint est l'Éternel des armées ! Toute la terre est pleine de sa gloire ! […] Alors je dis : Malheur à moi ! je suis perdu, car je suis un homme dont les lèvres sont impures, j'habite au milieu d'un peuple dont les lèvres sont impures, et mes yeux ont vu le Roi, l'Éternel des armées (És 6.1-5).

Ésaïe entend les anges déclarer que Dieu est parfaitement saint, ce qu'ils expliquent dans la ligne suivante en déclarant non pas que Dieu se sépare de la terre, mais qu'il la remplit de sa gloire. La sainteté de Dieu désigne son engagement total à protéger sa gloire. Célébrer sa sainteté équivaut à célébrer sa gloire :

> « Rendez à l'Éternel gloire pour son nom ! Adorez l'Éternel avec des ornements sacrés ! » (Ps 29.2.)

Dieu est saint dans le fait qu'il est entièrement consacré à sa gloire.

Le sommes-nous ? Non, car nous avons déjà dit que nous nous plaçons au centre de l'univers. Nous consacrons notre vie à nous justifier et à mettre en avant notre propre bonté. L'acteur de cinéma Brad Pitt, expliquant les raisons pour lesquelles il a abandonné le christianisme, est le porte-parole de beaucoup en disant : « Je n'acceptais pas cette idée d'un Dieu qui déclare : «Vous devez me confesser. Dites que je suis le meilleur, et je vous donnerai le bonheur éternel. Si vous ne le faites pas, vous en serez privé !» Cela me semblait du pur ego. Je ne peux pas imaginer Dieu victime de son ego. Tout cela n'avait donc aucun sens pour moi[2]. » Or, le raisonnement de Pitt s'appuie sur le présupposé erroné qu'il est « comme Dieu » (Ge 3.4). C'est ainsi que raisonne tout être humain déchu. Il met sur le même plan moral Dieu et l'humanité, comme si Dieu et les êtres humains avaient les mêmes droits.

Mais aurions-nous (Pitt tout autant que nous-mêmes) la même assurance si nous nous tenions aux côtés d'Ésaïe devant le trône de Dieu ? Pensons à la réaction d'Ésaïe : « Malheur à moi ! » Pour la première fois de sa vie, les yeux d'Ésaïe s'ouvrent sur la vraie nature de l'humanité déchue, sur l'arrogance d'une créature qui se pose en Créateur ; ce faisant, elle nie le véritable Créateur et porte atteinte à sa réputation. En présence de Dieu, Ésaïe voit sa nature déchue ; sa seule réaction se résume dans les mots « malheur » et « perdu ».

Si Dieu (saint) est entièrement engagé à promouvoir sa gloire et si nous sommes radicalement opposés à sa sainteté (impies), nous ne pouvons pas survivre. Dieu ne peut pas être de notre côté. Toute sa puissance et sa plénitude sont alors dirigées contre nous.

---

2. Brad Pitt, *Parade*, octobre 2007, < http://www.parade.com/articles/edition_10-07-2007/Brad_Pitt > (traduction libre).

« Le feu marche devant lui, et embrase à l'entour ses adversaires » (Ps 97.3).

Entrer, comme Ésaïe, dans la salle du trône de Dieu, c'est principalement et avant tout contempler un Roi dans sa justice et son ardente splendeur. C'est se découvrir perdu. Dieu n'est ni Superman ni Morgan Freeman. Il est celui en présence duquel nous nous prosternons. Il est tout à la fois plus terrifiant, plus splendide et plus puissant.

Entrevoir dans une embrasure de porte les trois Personnes de la Divinité

Ce Dieu bon proclame néanmoins une Bonne Nouvelle. Sur un côté de la salle du trône, nous apercevons un encadrement de porte, passage emprunté par celui qui est assis sur le trône lorsqu'il est descendu du ciel sur la terre. Celui qui est « en forme de Dieu » a pris « une forme de serviteur, en devenant semblable aux hommes » (Ph 2.6,7 ; voir aussi Hé 1.3). Jésus, le Fils de Dieu, s'est fait pleinement homme tout en restant pleinement Dieu. En regardant par cette ouverture, nous apercevons une étable, une colline de jugement et un tombeau vide.

Le plan divin du salut promis à Abraham, explicité par Moïse et illustré par le roi David trouve sa pleine réalisation dans les pages du Nouveau Testament, en la personne de Jésus-Christ et par la puissance du Saint-Esprit. Nous découvrons que le Dieu à l'origine de ce plan salvateur est en réalité un Dieu en trois Personnes. Le terme *Trinité* ne figure pas dans la Bible. Il a été forgé par les pères de l'Église primitive pour décrire ce qu'ils avaient découvert dans l'Écriture, notamment la confession de Thomas, un disciple juif monothéiste qui adore Jésus en déclarant : « Mon Seigneur et mon Dieu ! » (Jn 20.28.) Il est tout à fait vrai que l'Écriture affirme que

Dieu est un (De 6.4). Il n'y a pas trois dieux. L'Écriture montre que le Père n'est pas le Fils, que le Fils n'est pas l'Esprit et que l'Esprit n'est pas le Père (p. ex. Lu 22.42). Elle affirme cependant que les trois sont un seul Dieu (p. ex. Jn 1.1). Chacune des personnes possède l'essence et les attributs de Dieu et est Dieu – sans pour autant qu'il y ait trois dieux. Le Dieu unique existe en trois personnes – Père, Fils et Saint-Esprit.

En contemplant ces trois Personnes opérer le plan de salut, c'est Dieu lui-même qui nous apparaît le plus distinctement.

La puissance et la plénitude de l'Esprit

Dieu accomplit ses desseins dans la création et la recréation par la puissance de l'Esprit (p. ex. Ge 1.2 ; Éz 37 ; Jn 3.2 ; 2 Co 3.4). Par son Esprit, Dieu est partout (Ps 139.7,8). Par son Esprit, il sait toutes choses (1 Co 2.11). Chaque membre de la Divinité participe à chaque action de Dieu, mais dans un certain sens, on peut dire que l'Esprit représente la puissance et la plénitude de Dieu.

L'Esprit se pose de façon partielle sur les prophètes, les rois et les artisans de l'Ancien Testament, mais il vient pleinement dans la vie et le ministère de Jésus. Il descend sur lui sous la forme d'une colombe, le conduit dans le désert, le revêt de puissance pour opérer des miracles et le ressuscite d'entre les morts. Jésus promet à ses disciples de leur envoyer le même Esprit après son départ pour qu'il rende témoignage de lui, les convainque de péché, les conduise dans toute la vérité et glorifie Christ (Jn 15.26 ; 16.8,13,14). Une fois Jésus remonté au ciel et assis à la droite de Dieu, l'Esprit de Christ est accordé à son peuple (Ac 2.1-4 ; 8.14-17 ; 10.44-48).

L'Esprit de Dieu représente la puissance de Dieu à l'œuvre pour convaincre, régénérer et sanctifier le peuple de Dieu (Jn 3.5-8 ; 1 Th 1.5). Il nous scelle et nous promet le plein héritage à venir (Ép 1.13,14). Il engendre la vie du Fils en nous et nous accorde la liberté qu'avait Christ d'obéir.

L'amour et la gloire du Fils et du Père

C'est dans la vie et le ministère de Jésus-Christ que Dieu offre la plus belle illustration de sa sainteté et de sa gloire. De plus, il les illustre en soulignant les opérations de son amour. La sainteté du Père se voit dans son amour parfait pour le Fils et dans son désir de lui acquérir une épouse aimante. La sainteté du Fils se voit dans son amour pur pour le Père et dans son désir de lui susciter des adorateurs aimants.

Jésus déclare : « C'est mon Père qui me glorifie » (Jn 8.54) et il lui demande plus tard : « Glorifie ton Fils, afin que ton Fils te glorifie » (Jn 17.1). Il témoigne que « le Père aime le Fils, et il a remis toutes choses entre ses mains » (Jn 3.35 ; 5.20), et affirme simultanément : « afin que le monde sache que j'aime le Père […] j'agis selon l'ordre que le Père m'a donné » (Jn 14.31).

Voici comment le théologien Jonathan Edwards résume la situation : « La sainteté de Dieu réside dans son amour, spécialement dans l'union et l'amour parfaits et intimes entre le Père et le Fils[3]. » La sainteté de Dieu est l'amour qu'il se porte à lui-même et la gloire telle qu'elle est manifestée entre les différentes personnes du Père et du Fils.

Parallèlement, Dieu démontre de façon resplendissante sa bonté, son amour et sa sainteté en attirant par l'effet boomerang de son amour des pécheurs autrefois abandonnés. Cet amour qui vient de Dieu et retourne à Dieu nous entraîne dans son sillage (Ro 11.36). Nous sommes les bénéficiaires de l'amour infini du Père pour le Fils et, en retour, nous aimons

---

3.   Jonathan Edwards, « Treatise on Grace », dans *The Works of Jonathan Edwards*, vol. 21, *Writings on the Trinity, Grace, and Faith*, Éditions Sang Hyun Lee, New Haven, Conn., Yale University Press, 2002, p. 78.

le Fils et le Père. Jésus dit à ses disciples : « Comme le Père m'a aimé, je vous ai aussi aimés » (Jn 15.9). Puis il dit à son Père : « Je leur ai donné la gloire que tu m'as donnée, afin qu'ils soient un comme nous sommes un […] afin […] que le monde connaisse que […] que tu les as aimés comme tu m'as aimé » (Jn 17.22,23). Est-ce possible ? Se peut-il que le Fils nous aime comme le Père l'aime ? Et que le Père nous aime comme il aime le Fils ?

N'est-il pas remarquable que nous, qui formons l'Église, soyons inclus dans l'amour « vaste, incommensurable, illimité et désintéressé » du Père pour le Fils ? La nature même de Dieu, qui se révèle le plus clairement dans l'amour du Père et du Fils l'un pour l'autre et dans leur amour pour le peuple de Dieu, doit se manifester au monde par l'unité et l'amour de l'Église locale (Jn 17.20-26).

L'adoration du Dieu trinitaire

Les théologiens débattent de la question à savoir si un chapitre comme celui-ci sur la doctrine chrétienne de Dieu doit en premier lieu aborder la nature unique de Dieu ou les trois Personnes de la Divinité. Après tout, accorder une importance exagérée à l'*unité* de Dieu peut aboutir à l'hérésie qui considère Dieu comme une seule personne qui porte trois casquettes. Donner trop de poids à sa *trinité* peut conduire à l'hérésie qui considère les trois Personnes de la Divinité comme des personnes humaines que nous côtoyons. Grégoire de Nazianze, un des pères de l'Église primitive forge une belle formule : « Je ne puis concevoir un, que trois ne reluisent à l'entour de moi ;

et je n'en puis discerner trois, qu'incontinent je ne sois réduit à un seul[4]. »

J'ai toutefois commencé par l'unicité de Dieu parce que la Bible commence par là. Il me semble qu'elle le fait pour une solide raison. Lorsque nous fixons notre regard sur Dieu, ce que nous voyons en premier n'est pas le Dieu trinitaire qui conçoit le plan rédempteur. Nous apercevons d'abord un Dieu suprêmement glorieux, saint et puissant et qui nous prive de la gloire (Ro 3.23). Nous contemplons un lion puissant et majestueux. Telle est l'une des principales leçons de l'Ancien Testament.

Cependant, en continuant de scruter et en tenant compte de la venue de Jésus du ciel et de son retour au ciel, nous découvrons quelque chose de plus : un Agneau. Le dernier livre de la Bible nous introduit une fois de plus dans la salle du trône divin où un ancien céleste dit à l'apôtre Jean : « Voici le lion de la tribu de Juda » (Ap 5.5). Jean regarde et n'aperçoit qu'un Agneau qui avait l'air immolé (v. 6). Surprenant ! Le Dieu courroucé est aussi le Dieu saint, le Dieu compatissant, le Dieu juste et le Dieu bon. Dieu est lion et agneau, roi et rédempteur.

Pourquoi étudier la doctrine de Dieu ? Pour que nous puissions nous prosterner avec l'assemblée céleste, contempler le Lion qui est Agneau et proclamer : « L'Agneau qui a été immolé est digne de recevoir la puissance, la richesse, la sagesse, la force, l'honneur, la gloire et la louange » (v. 12). Dieu n'est pas un copain. Nous n'allons pas nonchalamment vers lui pour lui taper sur l'épaule, comme si une telle familiarité était un signe d'intimité. Nous nous courbons pour adorer

---

4. Grégoire de Nazianze, *Du saint baptême*, 40.41, cité par Calvin dans l'*Institution de la religion chrétienne*, I.13.17, Éditions Kerygma/Farel, 1995, p. 98. Calvin ajoute que ce passage lui « plaît fort ».

le Dieu trinitaire – le Père qui nous a élus, le Fils qui est mort à notre place, et l'Esprit qui nous accorde la repentance et la foi, et qui nous scelle en vue du retour du Fils.

La doctrine de Dieu et le reste de la théologie

Dieu n'est pas semblable à vous ou à moi. Il est incomparablement meilleur. Il est plus puissant, plus courroucé, plus aimant, plus majestueux. Il est trois fois saint.

Il est essentiel d'avoir une saine doctrine concernant Dieu avant d'aller plus loin. Soit Dieu devient le centre de notre système solaire doctrinal, soit quelqu'un d'autre prend sa place. Ce que nous croyons à l'égard de Dieu détermine notre croyance à propos de tout le reste :

- notre conception de l'Écriture. Dieu parle-t-il selon la vérité ? La réponse dépend en partie de l'idée que nous avons de sa nature ;
- notre compréhension de l'Évangile. Notre problème est-il lié à un manque de connaissance, à une relation brisée ou à la culpabilité et à la colère ? La réponse dépend de l'idée que nous avons de la sainteté et de la gloire de Dieu ;
- notre conception de l'Église. La qualité de membre d'Église et la discipline s'excluent-elles à tort ? La réponse dépend de l'idée que nous avons de l'amour de Dieu.

Ce que nous croyons à propos de Dieu conditionne notre style de vie. La foi en Dieu n'est pas un simple sujet épistémologique. Elle touche à la seigneurie divine et aux sentiments du cœur. Soit nous sommes révoltés contre Dieu et indifférents aux torts que nous causons aux autres, soit nous lui obéissons et l'adorons, démontrant ainsi à son peuple l'unité d'amour et de sainteté du Père et du Fils par le Saint-Esprit (Jn 17.20-26). Une croyance saine en Dieu produit en fin de compte des individus saints et une Église charitable, une communauté de personnes qui manifestent la gloire de Dieu devant les cieux et la terre (Ép 3.10).

Lorsque nous appartenons à Christ, nous sommes de moins en moins enclins à penser que Dieu est semblable à nous, et de plus en plus encouragés à devenir semblables à lui (2 Co 3.18 ; 1 Jn 3.2).

Pour approfondir le sujet

FRAME, John M., *The Doctrine of God*, Phillipsburg, N. J., P&R, 2002.

LETHAM, Robert, *The Holy Trinity: In Scripture, History, Theology, and Worship*, Phillipsburg, N. J., P&R, 2005.

PACKER, J. I., *Connaître Dieu*, Éditions Grâce et Vérité, 1994.

WARE, Bruce A., *Father, Son, and Holy Spirit: Relationships, Roles, and Relevance*, Wheaton, Ill., Crossway, 2005.

CHAPITRE 2

L'Écriture

EN QUOI LA BIBLE EST-ELLE UN LIVRE INÉGALÉ ?

ANDY NASELLI

J'ai été élevé dans une sorte de mormonisme. La plupart de mes ancêtres maternels sont de fidèles membres de l'Église de Jésus-Christ des Saints des Derniers Jours, mais ma famille a quitté ce mouvement lorsque j'avais six ans. J'ai assez bien étudié le mormonisme pour me rendre compte de la doctrine que j'aurais pu adopter, et j'ai compris que ce qui sépare le plus les mormons des chrétiens évangéliques est la notion qu'ils ont de la Bible.

Cette ligne de démarcation ne concerne pas seulement les mormons et les chrétiens évangéliques. Elle divise en fait tous les adeptes des autres religions et les chrétiens évangéliques. La raison est simple : les chrétiens évangéliques partagent des croyances inhabituelles à propos de la Bible.

La Bible est-elle un simple livre humain avec son lot d'erreurs ? Est-elle inadaptée aux problèmes les plus urgents de la vie et insuffisante pour y répondre ? Est-elle trop difficile à comprendre pour les gens ordinaires ? Si toutes ces questions appellent une réponse affirmative, alors les chrétiens évangéliques sont des insensés. Cherchez-vous à discréditer les chrétiens évangéliques ? Il vous suffit de discréditer la Bible.

Quel est le problème ?

La Bible est un livre inspiré de Dieu, parfaitement digne de confiance et revêtu d'autorité. Peu de choses revêtent autant d'importance que cette affirmation. En voici les raisons :

1. Ce que vous pensez de la Bible influence directement ce que vous croyez et votre façon de vivre. La Bible est-elle un fourre-tout dans lequel vous pouvez choisir ce que vous voulez croire et pratiquer ? Est-elle un autre livre moral, pas plus historique et inspiré que les fables d'Ésope ou de La Fontaine ?

2. Certaines personnes qui revendiquent le qualificatif d'*évangélique* ont une vision nouvelle de l'autorité de la Bible. Selon cette idée récente, des personnes appartenant à la tradition évangélique affirment que la Bible contient des erreurs historiques et scientifiques.

3. Selon ce qu'ils pensent de la Bible, des individus et des institutions suivent des trajectoires très différentes. Les institutions qui ont rejeté l'idée d'une Bible fiable et crédible ont souvent fini par adopter des croyances totalement incompatibles avec l'Évangile. Cette question controversée trace une ligne à ne pas dépasser[1].

---

1. Pour un résumé de quelques combats récents en faveur de la Bible, voir Stephen J. Nichols et Eric T. Brandt, *Ancient Word, Changing Worlds: The Doctrine of Scripture in a Modern Age*, Wheaton, Ill., Crossway, 2009, p. 63-85.

Un livre qui est le souffle de Dieu : l'inspiration

Dieu s'est révélé à ses créatures de deux manières. Sa révélation générale inclut la nature et la conscience humaine ; sa
révélation spéciale inclut la Bible. Dans ce chapitre, nous insis-
terons sur la Bible. Dieu a curieusement choisi de se révéler en
utilisant le langage humain écrit. On appelle ce mécanisme
l'inspiration. L'inspiration dit que Dieu a soufflé ses paroles à
des auteurs humains[2]. « Toute Écriture est inspirée de Dieu »
(2 Ti 3.16)[3].

Néanmoins, cela ne signifie pas que les auteurs humains
ont été inactifs dans ce processus. Dieu n'a pas dicté toute
la Bible comme un PDG dicte une lettre à sa secrétaire. La
personnalité des auteurs humains est intervenue à la manière
d'instruments de musique variés. Si je joue la même mélodie
sur des instruments à vent distincts, chaque air résonnera dif-
féremment même si je respecte scrupuleusement les notes et la
clé et si les sons proviennent tous du même souffle, à savoir le
mien. Si je joue une mélodie connue comme « À toi la gloire,
ô Ressuscité » sur un tuba, un saxophone baryton, un trom-
bone, un cor d'harmonie, une trompette, un hautbois, une
clarinette ou une flûte, tout ce qui en sort est « soufflé » par
Andy et « produit » par Andy, mais tous les sons passeront par
les « caractéristiques » de l'instrument. Dans un certain sens,

---

2. La définition classique de B. B. Warfield est plus précise : « L'inspiration est
[…] une influence surnaturelle exercée par l'Esprit de Dieu sur les auteurs
sacrés, en vertu de laquelle leurs écrits bénéficient de la fiabilité divine » (*The
Works of Benjamin B. Warfield*, vol. 1, *Revelation and Inspiration*, New York,
Oxford University Press, 1927, p. 77-78).

3. Le préfixe *in* dans *inspiration* induit en erreur, car 2 Ti 3.16 fait référence à un
produit écrit que Dieu a soufflé (litt. « ex-spiré »), et non à un produit exis-
tant que Dieu a mis au cœur des auteurs et animé. Le préfixe *ex* serait plus
juste, mais le mot « expirer » a pris un autre sens en français. C'est pourquoi
nous sommes tenus d'utiliser le verbe *inspirer*.

c'est ainsi que Dieu a produit la Bible par l'entremise de différents auteurs humains. Qui plus est, Dieu s'est servi du vécu
particulier de chacun, de sa formation et de ses dons ainsi que
de ses recherches (p. ex. Lu 1.1-3).

Alors, qui a écrit la Bible : Dieu ou les hommes ? C'est une
question piège à laquelle nous répondons par une pirouette :
les deux.

Si 2 Timothée 3.16 présente la nature de l'inspiration,
2 Pierre 1.20,21 en expose la méthode : « [...] sachez tout
d'abord vous-mêmes qu'aucune prophétie de l'Écriture ne
peut être un objet d'interprétation particulière, car ce n'est
pas par une volonté d'homme qu'une prophétie a jamais
été apportée, mais c'est poussés par le Saint-Esprit que des
hommes ont parlé de la part de Dieu. » La Bible n'est pas le
résultat d'une invention humaine. Les auteurs n'ont pas trouvé
eux-mêmes ce qu'ils ont mis par écrit. Ils ont été « poussés
par le Saint-Esprit » pour parler « de la part de Dieu ». Dans
Actes 27.15, Luc utilise le même verbe traduit par « poussés »
pour décrire la manière dont un navire est poussé par le vent et
les flots. Dieu a poussé les auteurs humains de la Bible comme
le vent et les vagues poussent des navires dans une tempête.

Dieu a donc soufflé les Écritures. Quelle part a-t-il souf-
flée ? Toute l'Écriture (2 Ti 3.16). Chaque mot.

Ce qui précède explique sommairement la nature, la
méthode et l'étendue de l'inspiration, et s'accorde avec ce
que la Bible en dit elle-même. Partout, les auteurs humains
défendent cette notion de l'inspiration. Ainsi, dans l'Ancien
Testament, l'Éternel s'adresse constamment à Moïse dans les
livres de l'Exode, du Lévitique et des Nombres ; Ésaïe cite la
parole de l'Éternel plus d'une douzaine de fois ; plus d'une
centaine de fois, Jérémie et Ézéchiel indiquent que la parole
de l'Éternel leur fut « adressée » ; Daniel rapporte les visions

qu'il a reçues de Dieu ; les livres d'Osée, de Joël, de Jonas, de Michée, de Sophonie, d'Aggée et de Zacharie commencent tous par : « La parole de l'Éternel fut adressée à... » ; Malachie utilise vingt-cinq fois la formule « dit l'Éternel ».

Mais l'exemple le plus décisif est celui de Jésus[4]. Jésus cite très fréquemment l'Ancien Testament comme son ultime autorité. Il déclare : « Il est écrit » (Mt 21.13) ; « N'avez-vous jamais lu dans les Écritures... ? » (Mt 21.42 ; voir 21.16) ; « Vous êtes dans l'erreur, parce que vous ne comprenez ni les Écritures, ni la puissance de Dieu » (Mt 22.29) ; « L'Écriture ne peut être anéantie » (Jn 10.35). Il croit fermement que les miracles rapportés dans les Écritures ont bel et bien eu lieu. Il fait par exemple référence à la présence de Jonas dans le ventre d'un grand poisson pendant trois jours et trois nuits, au déluge du temps de Noé, à la femme de Lot, à Moïse devant le buisson ardent, à la manne dans le désert (Mt 12.40,41 ; Lu 17.26-32 ; 20.37 ; Jn 6.49).

Les auteurs du Nouveau Testament considèrent l'Ancien Testament comme la Parole de Dieu (Ro 3.2). Pour eux, les écrits d'autres auteurs du Nouveau Testament ont autant d'autorité divine que les écrits vétérotestamentaires et les paroles de Christ (1 Ti 5.18 ; 2 Pi 3.2,15,16). Ils reconnaissent que leurs écrits révèlent le plan de Dieu plus pleinement que l'Ancien Testament (Ép 3.2,3 ; Hé 1.1,2 ; 2.2,3).

Si la Bible est vraiment le livre inspiré par Dieu, elle possède alors deux autres attributs : elle est exempte d'erreur et elle est revêtue d'autorité.

---

4. Voir John Wenham, *Christ and the Bible*, 3ᵉ éd., Grand Rapids, Baker, 1994.

Un livre entièrement véridique : l'inerrance

Dieu est totalement véridique ; il ne commet aucune erreur (fiable) et en est même incapable (infaillible) (No 23.19 ; 1 S 15.29 ; 2 S 7.28 ; Jn 3.33 ; 14.6 ; Ro 3.4 ; Tit 1.2 ; Hé 6.18 ; 1 Jn 5.6). Étant inspirée par Dieu, la Bible est totalement fiable, exempte d'erreur et incapable de se tromper. « L'inerrance signifie que lorsque tous les faits sont connus, l'Écriture dans ses autographes originaux et correctement interprétés se révèle pleinement vraie dans tout ce qu'elle affirme, en matière de doctrine, de morale ou de sciences sociales, physiques et naturelles[5]. »

Puisque la Bible est inspirée de Dieu, celui-ci serait menteur si elle contenait des erreurs. La Bible affirme elle-même qu'elle est vraie (Ps 12.7 ; Pr 30.5). Elle ne se conforme pas seulement à une norme supérieure de vérité ; elle est elle-même le critère de la vérité, puisque Jésus déclare à Dieu le Père : « Ta parole est la vérité » (Jn 17.17). L'inerrance de la Bible découle de la véracité infaillible de Dieu.

Ajoutons quelques clarifications :

1. L'inerrance de la Bible ne s'applique pas seulement au domaine de la théologie. Même si la Bible n'est pas un manuel de sciences sociales, physiques ou naturelles, elle est pleinement fiable dans tout ce qu'elle dit sur n'importe quel sujet. Selon une idée qui s'est de plus en plus répandue au cours des cent dernières années, la Bible est exempte d'erreur quand elle traite de religion, mais elle contient quelques erreurs dans les domaines scientifiques et historiques. Or, la théologie et les faits ne constituent pas deux catégories séparables. L'Évangile lui-même est irréductiblement historique (1 Co 15).

---

5. Paul Feinberg, « The Meaning of Inerrancy », dans *Inerrancy*, Éditions Normal L. Geisler, Grand Rapids, Zondervan, 1980, p. 294.

Le prophète se reconnaît à la fiabilité *complète* de ses paroles (De 13.1-5 ; 18.20-22) ; il en est de même de la Bible.

Si on ne peut se fier à la Bible quand elle parle de sciences ou d'histoire (des sujets secondaires vérifiables), comment lui faire confiance quand elle aborde des sujets concernant Dieu et le salut (des sujets d'importance primordiale non vérifiables de la même façon) ? Si on ne peut accorder sa confiance à la Bible, on ne peut davantage l'accorder à Dieu. Si on ne fait pas confiance à Dieu, alors on s'érige soi-même comme autorité suprême à la place de Dieu.

2. L'inerrance de la Bible ne veut pas dire qu'elle soit toujours précise. Son origine est à la fois pleinement divine *et pleinement humaine*. Bien qu'elle n'affirme jamais quelque chose de faux, elle porte cependant les marques d'un livre humain. Elle est écrite par des auteurs humains avec leur personnalité humaine, dans des langues humaines et dans le contexte de cultures humaines. On ne met jamais en doute les informations météorologiques, quand bien même elles mentionnent le *lever* et le *coucher* du soleil, alors que cet astre ne se lève ni ne se couche. Vous ne contestez pas l'affirmation d'un ami qui déclare habiter à 8 km de chez vous alors que la distance exacte est de 7,852 km. Vous n'en voulez pas davantage à votre amie qui vous dit avoir vingt-deux ans, même si elle est née il y a 22 ans, 307 jours et quelques heures. Il n'est pas rare non plus que deux amis aux personnalités et vécus différents rendent compte par écrit, chacun à sa manière, d'un sujet sur lequel ils sont pourtant d'accord, que ce soit dans le domaine politique ou sportif, en utilisant des mots différents et en n'insistant pas nécessairement sur les mêmes choses. Accordons aux auteurs humains de la Bible la même liberté que nous accordons aux autres dans l'emploi du langage ordinaire.

3. L'inerrance de la Bible ne signifie pas que les copies et les traductions des écrits originaux sont fiables. Elles le sont dans la mesure où elles reproduisent fidèlement et exactement les originaux. Dieu a inspiré les documents originaux, et les hommes en ont fait des copies et des traductions. En affirmant cela, nous n'essayons pas de contourner les faits ; la distinction est juste et nécessaire parce que les erreurs qui se glissent dans les copies et les traductions ne sont pas imputables à Dieu. Elles sont la faute des humains faillibles qui ont fait ces copies et ces traductions[6].

À quoi bon savoir que Dieu a inspiré les écrits originaux si nous n'en possédons aucun aujourd'hui ? Plusieurs avantages en découlent. Il est exagéré de prétendre que nous ne connaissons pas le contenu des écrits originaux. En effet, la qualité des manuscrits bibliques existants est très bonne, bien meilleure que celle des anciens documents profanes. Il s'ensuit que les manuscrits existants et les traductions contiennent fidèlement plus de quatre-vingt-dix-neuf pour cent du contenu des écrits originaux. Moins du un pour cent qui est sujet à caution touche à des questions mineures concernant l'orthographe, les synonymes ou des lectures manifestement impossibles. Moins d'un pour cent du un pour cent en question a trait, dans une certaine mesure, au sens du texte et ne concerne aucune doctrine fondamentale[7].

4. L'inerrance de la Bible ne signifie pas qu'il n'existe pas de difficultés ou de contradictions apparentes. Deux raisons

---

6. Voir James R. White, *The King James Only Controversy: Can You Trust Modern Tanslations ?*, 2ᵉ éd., Minneapolis, Bethany House, 2009.

7. Pour une introduction accessible sur le degré de certitude du texte du Nouveau Testament, voir J. Ed Komoszewski, M. James Sawyer et Daniel B. Wallace, *Reinventing Jesus: How Contemporary Skeptics Miss the Real Jesus and Mislead Popular Culture*, Grand Rapids, Kriegel, 2006, p. 51-117, 272-295.

nous empêchent d'interpréter parfaitement la Bible : d'une part, nous ne disposons pas de toutes les données nécessaires à sa compréhension (ainsi, l'archéologie découvre continuellement de nouveaux faits), et d'autre part, nous sommes limités et pécheurs, d'où notre mauvaise interprétation des informations déjà en notre possession. Impossible de démontrer l'inerrance de la Bible à la satisfaction de chacun tant que toutes les données ne sont pas disponibles et que l'interprétation parfaite demeure impossible. Lorsque ces conditions seront réunies, l'inerrance de la Bible éclatera au grand jour. En attendant, la seule attitude correcte est d'accepter comme complètement vrai ce que le Dieu omniscient et parfaitement bon a dit.

Un livre qui est mon supérieur : l'autorité

Jésus lui-même en appelle à la Bible comme autorité finale, affirmant qu'elle ne peut pas être accusée d'erreur : « L'Écriture ne peut être anéantie » (Jn 10.35 ; voir aussi Mt 5.17-20). Dieu détient l'autorité suprême puisqu'il a créé l'univers et qu'il le dirige. Si la Bible est inspirée de Dieu, elle est revêtue de l'autorité de Dieu. Elle constitue l'autorité finale, non seulement en matière de « foi et de pratique » (comme l'affirment certaines déclarations doctrinales), mais également dans tous les domaines du savoir qu'elle aborde. Elle est l'autorité suprême. Elle ne ressemble à aucun autre livre. Si donc vous ne croyez pas à ce que dit la Bible et ne lui obéissez pas, vous défiez Dieu et vous lui désobéissez. C'est aussi grave que cela.

C'est pourquoi les réformateurs protestants parlaient de la *sola Scriptura*, l'Écriture seule. Il ne faudrait pas en déduire que l'Écriture est l'unique source de vérité dans le monde ;

elle est l'unique autorité fiable et infaillible. Elle est l'autorité finale, ultime, suprême.

Un livre qui est tout ce dont on a besoin : la suffisance

La Bible est suffisante pour le but qu'elle poursuit. Dans la Bible, Dieu nous a donné tout ce dont nous avons besoin pour le connaître, lui faire confiance et lui obéir. « Toute l'Écriture est inspirée de Dieu, et utile pour enseigner, pour convaincre, pour corriger, pour instruire dans la justice, afin que l'homme de Dieu soit accompli et propre à toute bonne œuvre » (2 Ti 3.16,17). Elle ne répond évidemment pas à toutes les questions que les gens peuvent lui poser. Ce n'est d'ailleurs pas son but. Son objectif principal est de révéler le Dieu de l'Évangile pour que nous puissions le connaître et l'honorer.

La Bible se suffit à elle-même. Son autorité suprême est exclusive. Aucun autre livre ne peut revendiquer le titre de Parole de Dieu, pas même les écrits apocryphes, le *Livre de Mormon* ou le *Coran*. Mettre ces autres livres sur un pied d'égalité avec la Bible, c'est la marginaliser et la rabaisser. La présence de ces livres sur le même plan que la Bible la marginalise en n'insistant plus exclusivement sur elle, et la rabaisse en la contredisant. Ainsi, le catholicisme romain confère aux apocryphes, à une certaine tradition ecclésiastique et à quelques déclarations pontificales un statut égal à celui de la Bible ; l'Église de Jésus-Christ des Saints des Derniers Jours confère au *Livre de Mormon*, à *Doctrine et Alliances*, à *La Perle de Grand Prix* et aux déclarations de ses prophètes un statut égal à celui de la Bible ; l'islam place le *Coran* au-dessus de la Bible. Ces religions n'insistent donc pas suffisamment sur la Bible. Elles ne la jugent pas comme étant toute la révélation spéciale dont l'homme a besoin pour connaître Dieu, croire en lui et lui obéir. Elles pensent que la Bible doit être complétée ou remplacée partiellement par des révélations additionnelles. La révélation qu'elles ajoutent n'est pas inspirée de Dieu ; elle ne possède donc pas l'inerrance et l'autorité de la Bible. Aussi n'est-il pas étonnant que les révélations ajoutées contredisent la Bible sur de nombreux points.

Certains chrétiens évangéliques pensent que Dieu continue de se révéler par des paroles et des directives spéciales. Que l'on accepte ou non cette idée, force est de constater que ce genre de parole ne possède pas l'autorité de l'Écriture. Nous n'avons pas la certitude absolue qu'elles émanent vraiment de Dieu ; nous ne devons donc pas les traiter comme nous traitons ce que Dieu dit dans la Bible. Le faire serait ajouter quelque chose à la Bible ; or, elle est déjà suffisante en l'état.

Un livre vraiment compréhensible : la clarté

On a comparé la Bible à un vaste plan d'eau à la fois assez peu profond pour qu'une brebis puisse le traverser et assez profond pour qu'un éléphant puisse y nager. Tout ce que la Bible contient n'a pas la même clarté. Pierre lui-même fait remarquer : « [...] dans lesquelles [*les lettres de Paul*] il y a des points difficiles à comprendre » (2 Pi 3.16). Cependant, le message central de la Bible concernant l'œuvre rédemptrice de Dieu dans l'histoire est absolument clair et facilement compréhensible. Son fil directeur – création, chute, rédemption et consommation – est si simple qu'un petit enfant peut le comprendre. Dans son ensemble, la communication de Dieu dans la Bible est accessible.

Cela dénote deux présupposés controversés. Tout d'abord, la Bible expose ce que Dieu et les auteurs humains voulaient qu'elle expose. Ensuite, nous sommes capables de comprendre ce qu'elle expose. Cela ne signifie pas que nous pouvons tout comprendre parfaitement. Prenons un exemple. Un jeune enfant peut-il comprendre Genèse 1.1 : « Au commencement Dieu créa les cieux et la terre » ? Certainement, car ce n'est pas difficile à saisir. Cependant, la compréhension que l'enfant possède de Genèse 1.1 est susceptible de se développer au fur et à mesure que l'enfant approfondit sa connaissance de la Bible et de l'univers de Dieu. Nous ne pouvons rien connaître de façon absolue (exhaustive ou omnisciente) comme Dieu, mais nous pouvons connaître certaines choses de façon vraie (en substance ou en réalité).

Si nous sommes en mesure de vraiment comprendre la Bible, pourquoi les êtres humains ne s'accordent-ils pas tous sur ce que la Bible enseigne ? Le problème n'est pas du côté de la Bible, mais de celui d'humains limités et pécheurs. S'il n'y avait pas les effets du péché sur nos pensées et nos sentiments, nous interpréterions tous la Bible de la même manière. Ce que nous voulons réaffirmer ici, c'est que le message central de la Bible est limpide[8].

Un livre essentiel pour connaître Dieu : la nécessité

La Bible est nécessaire pour connaître Dieu, lui faire confiance et lui obéir. Pour devenir chrétien, il vous faut entendre

---

8.   Voir les sept conditions de Wayne Grudem : « L'Écriture affirme qu'il est possible de la comprendre, mais (1) pas tout d'un coup (2) pas sans efforts (3) pas sans les moyens ordinaires (4) pas sans l'engagement du lecteur à lui obéir (5) pas sans l'aide du Saint-Esprit (6) pas sans malentendus humains (7) jamais complètement » (« The Perspicuity of Scripture », *Themelios* 34, n°3, 2009, p. 288-309 ; voir aussi < http ://theGospelCoalition.org/publications > (page consultée le 15 mars 2018).

le message de la Bible, soit en le lisant vous-même, soit en écoutant quelqu'un vous le lire ou vous l'expliquer. « [...] les saintes lettres [...] peuvent te rendre sage à salut par la foi en Jésus-Christ » (2 Ti 3.15). « Ainsi la foi vient de ce qu'on entend, et ce qu'on entend vient de la parole de Christ » (Ro 10.17).

Il vous faut continuer à entendre le message de la Bible pour vous développer en tant que chrétien. Cela signifie l'entendre lu et prêché, le lire, l'étudier, le mémoriser, le méditer et le mettre en pratique[9]. Le chrétien a besoin de la Bible comme un être humain a besoin de nourriture et d'eau. Ce besoin ne disparaît jamais. C'est pourquoi Pierre écrit : « Désirez, comme des enfants nouveau-nés, le lait spirituel et pur, afin que par lui vous croissiez pour le salut » (1 Pi 2.2). Ce « lait spirituel et pur » est la « parole vivante et permanente de Dieu » (1 Pi 1.23-25). Pouvez-vous dire avec Job : « Je n'ai pas abandonné les commandements de ses lèvres ; j'ai fait plier ma volonté aux paroles de sa bouche » (Job 23.12) ?

La Bible n'est pas seulement indispensable pour notre survie ; elle est aussi notre guide infaillible pour nous conduire avec sagesse dans la vie, car elle révèle la volonté de Dieu. Le psalmiste pose la question : « Comment le jeune homme rendra-t-il pur son sentier ? » et il répond :

En se dirigeant d'après ta parole. Je te cherche de tout mon cœur : Ne me laisse pas m'égarer loin de tes commandements ! Je serre ta parole dans mon cœur, afin de ne pas pécher contre toi (Ps 119.10,11).

---

9. Voir les deux chapitres de Donald S. Whitney sur « Bible intake », dans *Spiritual Disciplines for the Christian Life*, Colorado Springs, Color., NavPress, 1997, p. 23-60.

Trois objections répandues

La Bible est la Parole de Dieu, inspirée par lui, fiable, revêtue de son autorité, suffisante, claire et nécessaire. Les évangéliques le croient parce que c'est ce que la Bible enseigne à son propre sujet. Par contre, lorsque nous présentons la Bible en ces termes, nous pouvons rencontrer des objections.

1. « Les chrétiens évangéliques se rendent coupables de bibliolâtrie. » Certainement pas, car nous n'adorons pas la Bible. Nous rendons un culte à Dieu seul. Nous portons cependant une grande estime à la Bible comme à un livre unique parce que Dieu communique activement sa pensée par son intermédiaire : « Dieu s'est tellement *identifié* à ses paroles que notre attitude à l'égard de ses paroles (l'obéissance ou la désobéissance) égale notre attitude envers lui-même[10]. »

2. « Les chrétiens évangéliques tirent leur doctrine concernant la Bible de la Bible elle-même. N'est-ce pas un raisonnement circulaire ? » Oui, mais cela n'invalide pas pour autant le raisonnement. Notre doctrine de la Bible n'est pas plus circulaire que des théories scientifiques. Tout le monde s'appuie sur un raisonnement circulaire pour défendre l'autorité suprême de ses croyances. Si, pour les chrétiens évangéliques, Dieu et sa Parole sont la norme ultime de la vérité, pour d'autres, c'est autre chose, généralement eux-mêmes. La controverse animée quant à l'inspiration divine et à l'inerrance de la Bible dépend essentiellement de l'acceptation de ce que la Bible affirme sur elle-même. De nombreux arguments utiles montrent que les déclarations de la Bible à son propre sujet sont raisonnables (p. ex. sa fiabilité historique et les prophéties accomplies), mais

---

10. Timothy Ward, *Words of Life: Scripture as the Living and Active Word of God*, Downers Grove, Ill., InterVarsity, 2009, p. 27 (italiques de l'auteur).

en fin de compte, l'Esprit de Dieu doit nous convaincre que ses déclarations sont vraies, car le péché a faussé notre perception de la réalité. Impossible de prouver que la Bible est la Parole de Dieu en faisant appel à quelque autorité que ce soit en dehors de la Bible, car il faudrait que cette autorité soit supérieure à celle de Dieu – et il n'en existe aucune.

3. « Ce qui compte, c'est le Verbe (c.-à-d. Jésus) et non la Parole (c.-à-d. la Bible). » Cette affirmation a beau sembler pieuse, elle porte sur la Parole un jugement différent de celui du Verbe lui-même. Jésus s'appuie constamment sur la Parole qu'il estime digne de foi et qui constitue son autorité finale.

Comment lire la Bible ?

Il va de soi que la haute idée que nous avons de l'Écriture n'a pas grand intérêt si nous ne lisons pas la Bible. Peut-être vous demandez-vous comment la lire ? Dans un sens, on doit lire la Bible comme n'importe quel autre livre. Elle comprend différents styles littéraires qui expriment la vérité en tenant compte de l'intention de ses auteurs. Dans un autre sens, nous ne devons pas la lire comme un autre livre, car elle est unique. Aucun livre ne lui ressemble.

Étant donné que la Bible se situe au-dessus de nous, nous lui devons révérence, soumission et obéissance. Étant donné qu'elle est totalement fiable, elle mérite notre confiance. Étant donné que sa nature contraste singulièrement avec notre nature finie et pécheresse, nous devons la lire avec humilité et accepter ses corrections. Enfin, parce qu'elle révèle Dieu et ses voies, nous devons la lire avec soin et dans un esprit de prière en situant ses passages dans la grande histoire de la création divine, de notre chute, de la rédemption par Christ et de la consommation universelle.

Ouvre mes yeux, pour que je contemple les merveilles de ta loi ! (Ps 119.18.)

Réjouissons-nous avec Newton, l'auteur de « Amazing Grace » (Grâce infinie), pour qui la Bible était un livre inestimable, un livre inégalé :

Précieuse Bible ! Quel trésor apprécié
Que cette sublime Parole de Dieu !
Tout ce qu'il me faut pour vivre et être heureux,
Nourriture et remède, bouclier et épée :
Que le monde me considère comme pauvre,
Possédant la Bible, je n'ai besoin de rien d'autre.
(Traduction libre)

Pour approfondir le sujet

CARSON, D. A., *Collected Writings on Scripture*, Wheaton, Ill., Crossway, 2010.

FEINBERG, Paul, « The Meaning of Inerrancy », dans *Inerrancy*, Norman L. Geisler, éd., Grand Rapids, Zondervan, 1980, p. 265-304, 468-472.

GRUDEM, Wayne A., « Partie 1 : La doctrine de la Parole de Dieu », dans *Théologie systématique*, Charols, Excelsis, 2012, p. 29-131.

NICHOLS, Stephen J., Eric T. Brandt, *Ancient Word, Changing Worlds: The Doctrine of Scripture in a Modern Age*, Wheaton, Ill., Crossway, 2009.

PIPER, John, *Why We Believe the Bible*, Wheaton, Ill., Crossway, 2009.

CHAPITRE 3

L'Évangile

DIEU SE SUBSTITUE AUX PÉCHEURS

GREG GILBERT

D ans son livret classique intitulé *Crucifixion*, Martin Hengel déclare que la croix « n'était pas simplement une sorte de mise à mort. Elle était un objet profondément choquant, «obscène» dans le sens original du terme ». Elle était tellement obscène que les gens aux bonnes manières et bien éduqués des sociétés grecque et romaine ne prononçaient jamais le mot *croix* en noble compagnie. C'était un terme vil, qui évoquait des images écœurantes et répugnantes.

La crucifixion n'était jamais un événement privé. Elle était toujours un châtiment brutal et public dont le but était de terrifier les masses populaires et de les maintenir soumises à l'autorité. Sur des croix jalonnant souvent les routes principales vers les villes, les passants pouvaient voir les corps brisés des condamnés en proie à d'atroces souffrances, ou les cadavres décomposés des morts. Les Romains faisaient parfois coïncider les crucifixions avec des fêtes religieuses ; ils étaient alors certains d'avoir un public nombreux pour être témoin de ces horreurs. Des meurtriers, des voleurs, des traîtres, des esclaves étaient ainsi crucifiés brutalement par milliers dans tout l'Empire et toujours délibérément à la vue du public. L'horreur de la croix n'échappait à personne, et c'était bien là l'intention des Romains.

Compte tenu de l'omniprésence des croix dans la société humaine, la rareté des récits de crucifiements est quelque peu surprenante. La raison saute aux yeux. Personne ne voulait décrire un supplice aussi infamant. D'ailleurs, dans quel intérêt des historiens l'auraient-ils fait ? Le crucifiement était une sanction prononcée par les autorités gouvernementales, et même *encouragée* par elles, une occasion pour les bourreaux de démontrer aux gens le sadisme, la brutalité et le vice dont ils étaient capables. Les récits qui nous sont parvenus sont donc brefs et, plutôt que de décrire ce châtiment, les auteurs n'en font généralement allusion qu'aux horreurs. C'est comme s'ils disaient : « Vous n'aimeriez pas savoir. »

Chairs en lambeaux sur un bois impitoyable, clous en fer enfoncés à travers les os et les nerfs à vif, articulations sorties de leurs cavités sous le poids du corps, humiliation publique aux yeux de la famille, des amis et du monde, voilà ce que signifiait mourir crucifié. Les Romains appelaient la croix « le pieu infâme », « le bois aride », le *maxima mala crux*. Les Grecs, eux, parlaient avec dégoût du *stauros*. Il n'est donc pas étonnant que personne n'ait abordé ce sujet. Pas étonnant non plus que les parents cherchent à préserver leurs enfants de ce spectacle. Le *stauros* était un objet répugnant, et celui qui y mourait l'était également ; on le considérait comme un vil criminel juste bon à être exposé et à servir d'avertissement putride et décomposé à quiconque aurait été tenté d'imiter son exemple.

C'est ainsi que Jésus est mort.

───────

Il me semble que nous sous-estimons le sérieux des propos de Paul quand il qualifie la croix de « scandale » pour les gens autour de lui. Nous mettons facilement sur le compte de la rhétorique l'affirmation selon laquelle son message de la croix est « une pierre d'achoppement » pour certains et « folie » pour les autres. Ce n'était pas un langage exagéré et bon marché. C'était au contraire la pleine conviction, née de quelque *vingt années* d'expérience personnelle, que le message qu'il prêchait, à savoir que le salut ne pouvait s'opérer que par un Dieu crucifié, était perçu par *tous,* soit comme profondément obscène, soit comme totalement ridicule.

Les auteurs païens clouent sans cesse au pilori les chrétiens qui placent leur foi dans un criminel crucifié. Ils les narguent : « Sérieusement, vous adorez un homme que les juges ont condamné et cloué sur un *stauros* ? Et vous pensez vraiment que ce type était un *dieu* ? » Un graffiti découvert sur la colline palatine à Rome représente un homme avec une tête d'âne suspendu sur une croix ; à côté de lui un homme agenouillé lève la main en signe d'adoration. Au-dessous sont griffonnés les mots : « Alaxaménos adore son Dieu. » Nous ignorons qui est cet Alaxaménos, mais on devine sans peine qu'il s'agit d'un homme (un enfant, un adolescent ?) qui se demande s'il valait la peine de suivre Christ et d'être traité de fou par ses amis moqueurs.

C'est exactement ce que Paul devait affronter tous les jours de sa vie chrétienne. Il se heurtait au mépris, à la haine, à l'opprobre et aux railleries. Quand on y pense, il aurait pu s'éviter bien des désagréments, et de façon toute simple. Il aurait pu déclarer que le christianisme ne s'articulait pas autour de la croix. Il aurait pu dire : « Certes, il y a bien eu une croix, mais l'essentiel n'est pas la *mort* de Jésus en tant que telle, c'est sa résurrection ! Parlons donc de *vie* et non du *stauros.* » Ou encore : « Bien sûr, Jésus est mort sur la croix, et c'est important, mais nous devons comprendre que l'Évangile transcende ce fait. Il révèle l'intention de Dieu de refaire le monde ! » Paul aurait très certainement pu rendre l'Évangile plus agréable (et moins dangereux) en disant qu'il se focalisait sur *autre chose*. Quelque chose de plus digne et de moins risible que la croix. Quelque chose de plus glorieux et de moins répugnant.

Cependant, l'apôtre ne l'a pas fait. Il déclare au contraire : « Car je n'ai pas eu la pensée de savoir parmi vous autre chose que Jésus-Christ, et Jésus-Christ crucifié » (1 Co 2.2). Devant le pire préjugé culturel imaginable, il fonde l'Évangile carrément et immuablement sur le fait que Jésus a été cloué sur un *stauros* et qu'il y a été abandonné pour mourir. S'il avait *voulu* un moyen pour détourner les auditeurs du premier siècle de sa « bonne nouvelle », il n'aurait pas pu en trouver de meilleur !

Alors pourquoi a-t-il agi de la sorte ? C'est simple. Il l'a fait parce qu'il savait que s'il excluait la croix, s'il passait rapidement par-dessus, s'il la repoussait à la périphérie de l'Évangile ou s'il permettait à quoi que ce soit de prendre la place centrale de la croix, tout compte fait, il n'y aurait plus eu d'Évangile du tout.

———

La mort de Jésus est (et doit rester) au cœur de l'Évangile, car la Bonne Nouvelle est justement le fait que Jésus sauve des pécheurs de leurs péchés. Quoique l'Évangile puisse promettre en supplément, la première des choses est le pardon des offenses du pécheur.

Je suis convaincu que si de nombreux chrétiens évangéliques ont commencé à délaisser la croix, c'est parce qu'ils ont perdu de vue la raison de leur salut. Ils ont oublié, et dans certains cas même délibérément dédaigné, ce qu'est réellement le péché et à quel point il offense Dieu.

La Bible déclare clairement que « tous ont péché et sont privés de la gloire de Dieu » (Ro 3.23). À sa racine, le péché est la rébellion contre Dieu, le Roi Créateur. La Genèse affirme que Dieu nous a créés et qu'il a donc le droit de nous dire comment vivre. Lorsque nous péchons contre lui en transgressant sa loi, en adorant des idoles, en cherchant notre satisfaction dans les choses créées plutôt qu'en Dieu, nous rejetons sa royauté sur nous et nous encourons son bon et juste jugement.

Les hommes ont pris l'habitude d'adoucir tout cela et de parler des problèmes de l'humanité en termes très différents. On évoque un sentiment général de futilité, d'absence de but, de désintégration de la vie personnelle. On avance parfois l'idée de relations brisées avec Dieu, avec les autres et avec soi-même. On prétend encore que le problème majeur réside dans la corruption de tous les systèmes et de toutes les cultures du monde.

L'ennui avec ces conceptions du péché est qu'elles ne s'accordent pas avec ce que la Bible en dit. La Bible tout entière ne présente pas le péché comme l'incapacité de donner un sens à sa vie ou d'atteindre un but, ou comme une simple relation brisée, ou encore comme la corruption d'un système extérieur à soi. Elle le définit plutôt comme une transgression personnelle et condamnable de la loi de Dieu et le rejet de son autorité en tant que Créateur et Roi. Attention ! Nous ne prétendons pas que le péché n'entraîne *jamais* un sentiment de vanité et de futilité (il le produit souvent), ou qu'il ne s'accompagne *pas* d'une rupture de relation (il la cause) ou qu'il n'a *pas* d'effet sur les systèmes (il en a). Cependant, aucune de ces constatations ne touche à l'essence du péché. C'est pourquoi, faire croire aux gens que le péché se réduit *simplement* à ces descriptions, c'est les tromper sur sa vraie nature et, par voie de conséquence, sous-évaluer ce que Jésus a accompli sur la croix, voire se méprendre complètement sur son œuvre.

Permettez-moi d'expliciter mon propos. Prenons le cas du péché identifié à une rupture de relation. La Bible affirme en termes des plus clairs que pécher contre Dieu, c'est rompre notre relation avec lui (És 59.2). Encore faut-il comprendre de quel *genre* de relation il s'agit. Ce n'est ni une relation entre égaux ni un partenariat. La relation brisée est celle d'une créature avec son Créateur, d'un sujet avec son Roi. Si nous concevons le péché comme une sorte de querelle entre amoureux ou comme une prise de bec entre amis, nous perdons de vue la raison pour laquelle il a fallu la mort du Fils de Dieu pour rétablir la bonne entente. Il vous suffit de dire : « je regrette » ou : « c'est bon, n'en parlons plus », et le problème est résolu. La trahison d'un sujet rebelle contre son Roi juste est une tout autre affaire. Elle exige quelque chose de plus pour renouer leur relation.

Si nous voulons réellement comprendre ce que Jésus a accompli sur la croix, nous devons d'abord savoir que le péché est une offense personnelle contre Dieu, et qu'à ce titre, il exige et mérite le châtiment divin. C'est pourquoi Jésus déclare que nous sommes déjà jugés aux yeux de Dieu (voir Jn 3.18) et que Paul énonce le verdict terrifiant qu'à la fin, toute bouche sera fermée et tout le monde sera reconnu coupable devant Dieu (Ro 3.19).

C'est la culpabilité qui rend la croix nécessaire. Pas le *sentiment* de culpabilité, mais sa *réalité*.

Le salut dont nous avons besoin, c'est que Dieu prononce à notre encontre un autre verdict que « coupable ! » Pour que nous soyons sauvés et afin que le juste jugement que nous méritons à cause de notre péché nous soit épargné, il faut que Dieu nous déclare innocents, non coupables, et même *justes*.

———

C'est exactement ce que Jésus a accompli en mourant sur la croix. Il a subi le courroux que son peuple méritait à cause de ses péchés.

Depuis longtemps, les chrétiens qualifient cette œuvre opérée sur la croix d'« expiation substitutive pénale ». Ils entendent par là que Jésus a subi la *peine* encourue par les péchés de son peuple en mourant à sa place en tant que *substitut*. Il ne s'agit toutefois pas d'une simple formule philosophique. C'est ainsi que du commencement à la fin, la Bible parle de l'expiation.

Pensons au système des sacrifices de l'Ancien Testament. En mourant sur l'autel, l'animal représentait symboliquement le peuple. L'effusion de son sang expiait la faute du peuple et repoussait d'une année la sanction. On retrouve le même symbolisme lorsque le souverain sacrificateur posait sa main sur le bouc émissaire, transférant ainsi symboliquement les péchés du peuple sur l'animal avant de l'envoyer mourir dans le désert. Cependant, l'exemple de substitution pénale le plus clair de l'Ancien Testament est l'agneau pascal. À toutes les familles israélites esclaves en Égypte, Dieu avait dit de choisir un agneau sans défaut et de le tuer. Ensuite, elles devaient prendre de son sang et en asperger les montants et le linteau de leurs portes. À celles qui obéissaient, Dieu promit qu'en voyant le sang, l'ange de la mort « passerait par-dessus » leurs maisons, leur épargnant ainsi le jugement de mort. Ce n'était pas l'innocence du peuple qui le sauvait, mais l'agneau qui le préservait de la mort.

C'est sur cette toile de fond que Jésus enseigne la même vérité concernant sa propre mort. Il déclare : « Car le Fils de l'homme est venu, non pour être servi, mais pour servir et donner sa vie comme la rançon de beaucoup » (Mc 10.45). Puis, juste avant sa mort, au cours du dernier repas pris avec ses disciples, il prend une coupe de vin et dit : « Ceci est mon sang, le sang de l'alliance, qui est répandu pour beaucoup, pour le pardon des péchés » (Mt 26.28).

À leur tour, les apôtres enseignent que Jésus est mort à la place du peuple coupable. Voici ce qu'en dit Paul : « Christ nous a rachetés de la malédiction de la loi, étant devenu malédiction pour nous » (Ga 3.13,14). Ailleurs, il déclare : « Celui qui n'a point connu le péché, *[Dieu]* l'a fait devenir péché pour nous, afin que nous devenions en lui justice de Dieu » (2 Co 5.21). De son côté, Pierre écrit : « Christ aussi a souffert une fois pour les péchés, lui juste pour des injustes, afin de nous amener à Dieu » (1 Pi 3.18) et : « […] lui qui a porté lui-même nos péchés en son corps sur le bois, afin que morts aux péchés nous vivions pour la justice ; lui par les meurtrissures duquel vous avez été guéris » (1 Pi 2.24).

Comprenez-vous ce que Jésus lui-même et les apôtres déclarent au sujet de sa mort ? En dépit de toute l'horreur qu'inspire la croix romaine, ce n'est tout compte fait ni la souffrance physique qui l'accompagne ni l'humiliation publique qui caractérisent la profondeur des souffrances de Jésus. La pire souffrance qu'il a endurée, c'est le courroux que son Père a déversé sur lui à cause du péché.

Ce n'est pas pour ses propres péchés que Jésus a souffert et est mort. Il en était totalement innocent ! Jésus a été puni pour les péchés de son peuple. Dieu lui a imputé toute la rébellion, toute la désobéissance et tout le péché de son peuple ; il l'a considéré comme s'il en était personnellement responsable et a prononcé la sentence de mort sur lui. Il est ainsi devenu malédiction. Il est devenu péché. Il a souffert une fois pour toutes, lui, juste pour des injustes. Il a porté nos péchés sur le bois. Afin que nous ayons la vie.

Puis, il est ressuscité d'entre les morts. Le péché vaincu, la mort conquise et l'enfer prosterné devant lui, Jésus est sorti triomphalement du tombeau. Tout ce qu'il avait dit s'est révélé vrai ; il a scellé sa victoire sur la mort et le péché ; Jésus est ainsi devenu les prémices de la promesse divine de racheter le monde et finalement de le recréer.

Si la résurrection ne s'était pas produite, si Jésus était resté dans le tombeau, sa mort n'aurait rien signifié de plus que la vôtre ou la mienne. Un sauveur mort ne peut sauver. Comme Paul le dit dans 1 Corinthiens 15, si Christ n'est pas ressuscité d'entre les morts, nous sommes les plus à plaindre de tous les hommes. Cependant, comme il est vraiment ressuscité, nous pouvons faire nôtre le cri d'allégresse de l'apôtre : « Ô mort, où est ta victoire ? Ô mort, où est ton aiguillon ? » Elle n'en a plus, car Jésus, le crucifié et le ressuscité, a pris sur lui l'aiguillon de la mort, subi la sanction du péché et privé la mort de sa victoire !

———

Notre monde ne fait pas bon accueil à cette façon d'envisager la mort de Christ en tant que substitut pour son peuple condamné à mort. C'est pourquoi bon nombre de chrétiens évangéliques ont commencé à se demander s'il n'y avait pas moyen de présenter l'Évangile autrement qu'en insistant autant sur un homme mort sur une croix ensanglantée pour des péchés qu'il n'a pas commis. J'ai noté au moins deux tendances, même parmi des gens qui se comptent volontiers parmi les chrétiens évangéliques.

Il y a tout d'abord ceux qui ignorent la croix, qui la mettent de côté et placent autre chose au centre de la Bonne Nouvelle. C'est parfois la seigneurie de Jésus, le royaume de Dieu ou le dessein divin de faire de nouveaux cieux et une nouvelle terre. C'est aussi l'appel qui nous est adressé à collaborer avec Dieu à la transformation culturelle. Dans les nombreux livres qui sortent des presses chrétiennes, les auteurs semblent se focaliser sur autre chose que sur l'œuvre expiatoire de Christ sur la croix, et ils insistent surtout pour que les êtres humains fassent ceci ou cela avec l'aide de Dieu, plutôt que de se repentir et croire en un Sauveur qui ôte le péché. Dans cette présentation de l'Évangile, la croix est devenue (volontairement ou non) une sorte d'appendice dans le récit des Évangiles.

On constate cette tendance dans l'accent placé peut-être inconsciemment sur le royaume de Dieu. Ce royaume est certes un thème important, et il est heureux que les chrétiens évangéliques y pensent. Il me semble pourtant que lorsque les chrétiens évangéliques parlent du royaume, ils le déconnectent de la croix et vice versa. Dans leurs pensées et leurs conversations, ils ont donc tendance à créer un fossé entre la croix et le royaume. Certaines personnes prônent « l'Évangile de la croix », à savoir la mort de Jésus en lieu et place des pécheurs pour qu'ils puissent être pardonnés, mais sans référence au royaume. D'autres prêchent « l'Évangile du royaume », Jésus étant venu inaugurer un royaume qui remettra le monde sur le droit sentier, mais sans faire référence à la croix (sinon comme à un moyen permettant à Jésus de mourir afin de ressusciter). Nous nous retrouvons donc soit avec « l'Évangile de la croix », soit avec « l'Évangile du royaume », et les deux ne se rencontrent jamais. Croix et royaume sont séparés par un gouffre, et nous penchons tous d'un côté ou de l'autre en nous jetant un regard suspicieux les uns aux autres.

Je ne pense pourtant pas que la Bible nous plonge dans une telle division. La raison est simple : *le seul chemin qui mène au royaume passe par la croix.* Oui, Jésus est venu instaurer un royaume qui sera pleinement établi un jour selon le droit et la justice, mais c'est une bonne nouvelle parce que Jésus est également venu pour sauver les gens de la colère de Dieu et les rendre aptes à devenir citoyens du royaume. Il l'a fait par sa mort substitutive pénale sur la croix. Jésus n'est pas un simple roi ; il est un Roi qui a souffert.

En d'autres termes, c'est la croix, et la croix seule, qui donne accès aux bienfaits du royaume. Il est impossible de jouir des bénédictions du royaume si vous n'y entrez pas par le sang du Roi. En conséquence, si vous prêchez un sermon ou écrivez un chapitre sur la Bonne Nouvelle du royaume en omettant de parler de la croix, vous n'avez pas prêché la Bonne Nouvelle du tout. Vous avez tout simplement fait miroiter aux yeux de votre public une réalité merveilleuse qui leur est interdite parce qu'ils sont pécheurs. Voilà pourquoi on n'entend jamais Jésus annoncer simplement : « Le royaume est proche ! » Son message est : « Le royaume est proche. Repentez-vous *donc* et croyez ! » Il ne s'est jamais contenté d'annoncer seulement la venue du royaume. Il a annoncé cette venue *et* la manière dont les gens peuvent y entrer.

N'hésitez donc pas à prêcher le royaume, à parler du triomphe de Jésus sur le mal, à écrire au sujet de son règne à venir. Cependant, ne prétendez surtout pas que ces réalités constituent la bonne et glorieuse nouvelle en soi. Ce n'est pas le cas. L'annonce brutale que Jésus va gouverner le monde avec une justice parfaite n'est pas une bonne nouvelle pour moi. C'est plutôt une nouvelle terrifiante, parce que *je ne suis pas juste* ! Je suis un des adversaires qu'il vient écraser. La venue du royaume est une bonne nouvelle si je sais que le Roi qui vient est aussi un Sauveur qui pardonne les péchés et rend les êtres humains justes, ce qu'il accomplit par sa mort sur la croix. Ignorez ce fait, minimisez-le, repoussez-le à la périphérie de l'Évangile, et tout le reste n'est plus une bonne nouvelle du tout, mais un message terrifiant de jugement qui frappera les pécheurs rebelles.

D. A. Carson insiste sur cet aspect dans un commentaire écrit sur un blogue il y a quelque temps :

> Ces dernières années, il est devenu courant de schématiser la trame historique de la Bible de la façon suivante : depuis la chute, Dieu s'évertue à inverser les effets du péché. Il intervient pour en limiter les dégâts. Il suscite une nouvelle nation, celle des Israélites, pour faire connaître ses enseignements et sa grâce aux autres. Il promet de venir un jour en tant que roi davidique annoncé afin de vaincre le péché, la mort et leurs effets maudits. C'est ce que Jésus accomplit. Il triomphe de la mort, inaugure le royaume de justice, et invite ses disciples à mener une vie conforme à cette justice dès maintenant en attendant la consommation à venir.

Carson appelle cette présentation du récit biblique « tristement réductionniste », et il a raison. Dans cette façon d'exposer les faits, rien ne permet de comprendre que le péché est une offense contre Dieu plutôt qu'un malheur que les hommes se sont attiré sur eux-mêmes. Ce message ne dit pas que Jésus a pris la place des pécheurs pour subir le châtiment qui aurait dû les frapper à juste titre. Il n'est d'ailleurs même pas question d'un châtiment ou de colère divine, simplement des effets regrettables. Cette présentation de l'Évangile laisse de côté ce qui est justement central dans la Bible, à savoir (1) que sur la croix, Jésus est mort à la place des siens et (2) qu'il a subi le châtiment de leur péché (et non seulement ses *résultats*, mais la *sanction* qu'il méritait), imposé par Dieu le Père dans son juste courroux.

Je me demande si le désir de décentrer la croix ou de la redéfinir n'est pas lié au fait que le monde ne l'aime pas. Dans le meilleur des cas, les gens autour de nous estiment que l'Évangile qui présente Jésus mourant à la place de son peuple est un conte de fées ridicule, et dans le pire des cas, un mensonge monstrueux. Ajoutez à cela notre ardent désir de voir le monde attiré à Jésus, et l'on comprend la pression énorme qui pèse sur nous pour trouver un moyen de ne pas devoir parler d'une « religion de la croix sanglante ». Nous glissons insensiblement vers un Évangile qui se concentre sur le renouvellement du monde ou sur la justice sociale plutôt que sur la croix, ou du moins sur une croix qui n'a pas grand-chose à voir avec un Jésus subissant la colère et le châtiment divins pour le péché d'autrui. En nous contentant de cet Évangile édulcoré, nous espérons que le monde nous jugera un peu moins bizarres.

———

Un autre point mérite d'être éclairci. La Bible contient certes de nombreuses images de ce qui s'est produit à la mort de Jésus. Rédemption, réconciliation, adoption, guérison, conquête, toutes ces choses sont des réalités dont la Bible parle comme des effets de la victoire remportée par Christ sur la croix.

Il ne faudrait cependant pas en déduire que la substitution pénale n'est qu'une image de la croix parmi d'autres, et que nous pouvons choisir parmi toutes celles que nous voulons mettre en exergue. Les images bibliques de l'expiation ne se présentent pas ainsi ; elles ne se comparent pas aux différents plats que l'on choisit dans un buffet froid. En fait, chacune des images que la Bible utilise pour décrire l'expiation trouve sa signification dans le fait que Jésus est mort à la place de son peuple. Si on remonte à la réalité qui se cache derrière les images, si on se pose les questions *comment* et *pourquoi*, on aboutit toujours à la substitution pénale.

Prenons l'exemple de la réconciliation qui est parfois présentée comme une solution de rechange à l'image de la substitution pénale. La Bible parle effectivement de la croix sous le rapport de la réconciliation. Cependant, si nous creusons cette idée, si nous l'étudions attentivement en nous posant des questions à son sujet, force est de constater que c'est la substitution qui lui donne un sens. Pourquoi la réconciliation est-elle nécessaire ? Parce qu'une personne est en colère contre une autre, parce qu'une relation a été brisée. La réconciliation est-elle nécessaire parce que nous sommes en colère contre Dieu ou parce que Dieu est irrité contre nous ? De quelle manière la réconciliation avec un Dieu courroucé s'opère-t-elle à la croix ? Est-ce autrement que par Jésus qui détourne sur lui la colère divine que nous méritions, autrement qu'en devenant malédiction pour nous, autrement que par la mort du juste pour des injustes ? Comprenez-vous ? La Bible présente la croix sous différents angles, mais ils convergent tous sur Jésus qui prend sur lui le châtiment que son peuple méritait, c'est-à-dire sur la substitution pénale.

———

Une conclusion s'impose : si le Fils de Dieu n'est pas mort à notre place, en subissant le châtiment que nous méritions à cause de nos péchés, nous ne sommes pas sauvés et ne devenons pas citoyens de son royaume. Notre culpabilité est trop grave. S'il en est ainsi, nous ne pouvons pas arrondir les angles du message de l'Évangile. Nous ne pouvons pas repousser la mort substitutive pénale de Jésus à la périphérie et la remplacer par une autre vérité, quelle qu'elle soit ; nous ne pouvons la concevoir moins offensante (et tout compte fait moins merveilleuse !) qu'elle l'est réellement. Si nous le faisons, nous présentons au monde un message qui ne sauve pas et qui, par conséquent, n'est pas du tout une bonne nouvelle.

L'apôtre Paul savait qu'au mieux, le message de la croix était insensé pour ceux qui l'entouraient. Il était conscient qu'en proclamant le message : « Christ est mort pour nos péchés » (1 Co 15.3), il s'exposait aux railleries du monde. Pourtant, même devant ce rejet certain, il continuait d'affirmer : « Je prêche Christ crucifié. » Il est même allé plus loin en déclarant : « Je n'ai pas eu la pensée de savoir parmi vous autre chose que Jésus-Christ, et Jésus-Christ crucifié » (1 Co 2.2).

Pourquoi ? Parce que, ainsi qu'il l'affirme à la fin de son épître, le message « Christ est mort pour nos péchés » n'est pas seulement important, ni même très important, mais il passe « avant tout » (1 Co 15.3).

Pour approfondir le sujet

JEFFERY, Steve, Michael Ovey, Andrew Sach, *Pierced for Our Transgressions: Rediscovering the Glory of Penal Substitution*, Wheaton, Ill., Crossway, 2007.

LETHAM, Robert, *The Work of Christ*, Downers Grove, Ill., InterVarsity, 1993.

MORRIS, Leon, *The Atonement: Its Meaning and Significance*, Downers Grove, Ill., InterVarsity, 1983.

PACKER, J. I., Mark Dever, *In My Place Condemned He Stood: Celebrating the Glory of the Atonement*, Wheaton, Ill., Crossway, 2008.

CHAPITRE 4

La nouvelle naissance

« IL FAUT QUE VOUS NAISSIEZ DE NOUVEAU »

BEN PEAYS

À quoi vous fait penser l'expression *chrétien né de nouveau* ? En général, les médias parlent de *chrétiens nés de nouveau* pour désigner un groupe particulier de personnes religieuses. Ces médias voudraient vous faire croire qu'il s'agit de gens qui brandissent sans cesse la Bible, des fondamentalistes purs et durs, des chrétiens vieux jeu et déconnectés de la réalité. Ils les présentent comme des adversaires acharnés de l'homosexualité, toujours en train de juger et de condamner, des gens hypocrites et insensibles qui pensent que la société va de mal en pis. On les accuse de trop s'engager dans la politique et de vouloir ramener la nation à ses racines chrétiennes. Les chrétiens nés de nouveau déploient un grand zèle pour « sauver les perdus », « gagner des âmes » et encourager des décisions pour Christ lors de grandes campagnes d'évangélisation. Ils ont pour ennemis principaux Satan et les libéraux, et ils ont même souvent du mal à différencier les deux. En général, ils ne boivent pas d'alcool, ne dansent pas, ne fument pas, et surtout pas le dimanche. Ils aimeraient qu'il y ait des liens plus forts entre l'Église et l'État, à condition qu'il s'agisse de *leur* Église. Pour y parvenir, ils envoient des messages électroniques en grand nombre pour qu'on remette en vigueur les Dix Commandements dans les tribunaux et la prière dans les écoles publiques.

Les chrétiens nés de nouveau aiment les repas en commun où chacun apporte son plat, les petits groupes, les Bibles avec une couverture en tissu. Ils sont généralement capables de préciser l'instant et le lieu où ils ont demandé à Jésus d'entrer dans leur cœur. Ils entretiennent une relation personnelle avec Jésus-Christ et le revendiquent comme leur Sauveur et Seigneur personnel. Ils sont avant tout des « gens du Livre ».

Cette caricature montre comment notre culture des petites phrases s'est emparée d'une expression biblique, à savoir naître de nouveau, agrémentée de quelques éléments authentiques de la foi évangélique, et l'a déformée pour représenter une réalité différente de celle prônée par la Bible. Il importe donc de débarrasser cette expression de toutes ces fausses conceptions pour comprendre ce que Jésus voulait dire par : « Il faut que vous naissiez de nouveau » (Jn 3.7*b*). L'expression *chrétien né de nouveau* ne devrait pas être une étiquette dont nous avons honte, mais plutôt un écusson que nous portons avec joie et gratitude.

Beaucoup s'en réclament, peu sont en mesure de le justifier

Demandez aux Américains : « Qui est né de nouveau ? » et près de quarante pour cent répondront qu'ils le sont. Si l'on posait la question à Jésus, il dirait qu'ils sont moins nombreux qu'ils le pensent (voir Mt 7.22,23 ; 25.41). Cette différence d'appréciation s'explique par la définition différente qu'on accole à l'expression. Jésus utilise les mots *né de nouveau* pour décrire celui qui a fait l'expérience de la nouvelle naissance, celui qui possède la vie éternelle produite par l'Esprit de Dieu. Notre culture en a déformé le sens pour en faire un terme sociologique qui ne désigne plus ceux qui sont vraiment en Christ, mais plutôt un groupe de gens unis par certaines affinités politiques ou culturelles. Au lieu de laisser les preuves de la nouvelle naissance caractériser ceux qui sont nés de nouveau, on demande aux gens de s'identifier eux-mêmes comme des croyants nés de nouveau, de cocher une case sur un questionnaire au lieu de porter le bon fruit d'une vie de foi. Cette croyance bon marché débouche sur une surabondance de chrétiens qui se déclarent nés de nouveau, mais dont la vie ne ressemble en rien à celle des gens régénérés.

Dans notre culture, l'expression *né de nouveau* se retrouve dans une grande variété de contextes et avec un sens souvent très éloigné de celui que lui conférait Jésus. Tel personnage célèbre utilise l'expression pour indiquer un retour professionnel ou l'emploie comme un outil de relations publiques après une période de déclin ou une chute morale ; c'est sa façon de dire : « J'ai changé de comportement, je tourne une nouvelle page, je serai plus fort et meilleur. » Utilisée dans ce contexte, l'expression *né de nouveau* équivaut davantage à une deuxième chance, à un nouvel élan dans la carrière, un nouveau souffle, avec l'espoir de meilleurs résultats. Ce n'est pas du tout ce à quoi Jésus pensait.

D'autres parlent de nouvelle naissance pour désigner un réveil spirituel sans Dieu. Une étude récente menée par l'Université de Chicago a révélé qu'un nombre croissant de gens cherchent une spiritualité, tout en étant de moins en moins nombreux à croire en Dieu[1]. Cela signifie que ces personnes recherchent une spiritualité de remplacement, impie, s'opposant à la spiritualité authentique qui inclut Dieu. Celle-ci implique la réception ou l'habitation du Saint-Esprit dans le croyant, alors que le terme « spiritualité » évoque en général une prise de conscience plus aiguë du non-physique. Jésus déclare : « Ce qui est né de la chair est chair, et ce qui est né de l'Esprit est esprit » (Jn 3.6). Une quête de naissance spirituelle sans Christ est vouée à l'échec. Seul l'Esprit de Dieu peut produire une véritable renaissance spirituelle. « C'est l'Esprit qui vivifie ; la chair ne sert à rien » (Jn 6.63).

Internet fourmille de centres de retraite et de programmes offrant une semaine à l'écart pour faire l'expérience d'une renaissance spirituelle. Pour leurs dirigeants, la nouvelle naissance consiste à fuir le tohu-bohu de la vie, à apprendre à réfléchir, à puiser dans ses propres ressources spirituelles, à guérir ses blessures émotionnelles. La renaissance spirituelle se réduit à entrer dans le bon mouvement de manière à connaître une émotion spirituelle d'un niveau supérieur. Ce n'est pas ce que Jésus sous-entend lorsqu'il parle de nouvelle naissance.

Il existe un vaste marché pour ce type de nouvelles naissances spirituelles dans un monde affairé. Des gourous spirituels animent des séminaires pour aider des gens fatigués et insatisfaits à goûter à ce genre de rajeunissement spirituel. Dans le *New York Times* a paru récemment un article consacré à une expérience de « résistance spirituelle » menée dans l'Arizona. Cinquante personnes ont payé sept mille dollars chacune pour participer à une expédition de renaissance spirituelle sous la

---

1. Ce rapport, *Religious Change around the World*, de Tom W. Smith, a été publié le 23 octobre 2009 par le National Opinion Research Center à l'Université de Chicago pour le compte de la Templeton Foundation.

direction d'un gourou bien connu du Nouvel Âge[2]. Après avoir marché dans le désert pendant trente-six heures de jeûne, les participants ont médité dans un sauna. On dénombra trois décès et vingt et une hospitalisations. Malheureusement, beaucoup de gens assimilent le christianisme à cette recherche d'« illumination spirituelle » avec Jésus comme gourou. Ils se méprennent grandement sur la spiritualité ainsi que sur le rôle de Christ et de la grâce dans l'expérience.

Ces fausses conceptions concernant le sens de l'expression « naître de nouveau » peuvent facilement faire croire à tort aux gens qu'ils sont nés de nouveau et donc sauvés. Il s'ensuit que ces personnes vivent avec une fausse assurance de salut, et surtout, qu'ils n'ont pas du tout fait l'expérience de la vie chrétienne. Il n'est alors pas étonnant de constater qu'il n'y a plus de différence entre les styles de vie des chrétiens et ceux des non-chrétiens. De nombreuses personnes s'imaginent être chrétiennes, mais en réalité, elles n'ont pas l'Esprit de Dieu en elles.

Comprendre le salut

La nouvelle naissance, ou régénération est l'un des aspects les plus mal compris ou négligés du salut. Des individus peuvent facilement affirmer qu'ils sont sauvés, mais ils ont plus de mal à expliquer *ce qui* s'est réellement produit. Or c'est justement *en cela* que se trouve vraiment la Bonne Nouvelle du salut. À partir du moment où l'on comprend ce qui s'est passé, on saisit mieux comment on est transformé et ce que cette vie nouvelle signifie pour notre relation avec Dieu et notre façon de vivre ici-bas et pour l'éternité.

---

2. Voir sur < www.nytimes.com/2009/10/22/us/22sweat.html > (page consultée le 15 mars 2018).

Quand on demande à la plupart des chrétiens évangéliques de rendre témoignage, on constate que certains sont capables d'indiquer *quand* et *où* ils ont accepté Christ. D'autres disent ne pas se souvenir du moment et du lieu exacts, mais qu'ils ont senti progressivement l'action de Dieu dans leur cœur. Rendre témoignage, c'est parler de sa vie avant et après la rencontre avec Christ. On a tendance à insister sur les aspects personnels de cette histoire, en supposant que les auditeurs connaissent les vérités théologiques plus vastes qui sont en jeu dans les coulisses. Le danger de cette hypothèse est de négliger la théologie qui sous-tend le salut. Il s'ensuit une compréhension appauvrie de l'Évangile.

Dans nos efforts pour rendre l'évangélisation simple et accessible, nous la rendons parfois simpliste. On présente le salut comme un bienfait facilement obtenu à la fin d'une série de questions et de réponses classiques. « Demandez tout simplement à Jésus d'entrer dans votre cœur », « Récitez la prière de repentance », « Acceptez Jésus comme votre Sauveur et Seigneur personnel », « Commencez à cultiver une relation personnelle avec Jésus ». Quand on demande aux gens d'expliquer ce qui s'est produit lorsqu'ils sont devenus chrétiens, ils évoquent plus volontiers ces expressions que les termes de *justification, sanctification, expiation, union avec Christ* et *glorification.*

Pour mieux comprendre la nouvelle naissance et ce que signifie être né de nouveau, examinons ce qu'elle est, pourquoi elle est nécessaire, ce qu'elle change et pourquoi elle est importante.

La nouvelle naissance : ce qu'elle est

À quoi ressemble une nouvelle naissance *authentique* ?
L'expression *nouvelle naissance* sert à décrire la vie nouvelle que l'Esprit produit quand on place sa confiance en
Jésus-Christ. On parle également de régénération, mais l'expression qui revient probablement le plus souvent est *né de
nouveau* (du terme grec *gennao*, qui signifie « engendrer »).
Lorsque nous sommes régénérés, nous passons par une nouvelle naissance. Nous naissons tous dans ce monde en étant
spirituellement morts. Quand Dieu, dans sa grâce, régénère
notre cœur en nous donnant une vie nouvelle, nous devenons
une nouvelle création. Dieu nous convainc de nos péchés et
nous rend capables de croire en Christ. Cette foi nous unit à
Christ ; dans cette union, nous recevons les bienfaits de son
œuvre sur la croix, notamment la justification, le pardon des
péchés et la vie éternelle.

La nouvelle naissance : pourquoi est-elle nécessaire ?

Pourquoi avons-nous besoin d'une nouvelle naissance ?
Parce que nous sommes morts dans nos fautes et nos péchés
(Ép 2.1,2). Nous avons besoin d'une vie nouvelle. Sans la nouvelle naissance, il n'y a rien de bon en nous. Nous sommes par
nature des « enfants de colère » (Ép 2.3) et nous aimons le mal.
Nous avons besoin que Dieu purifie notre cœur et nous réta-
blisse dans une condition qui soit sainte et irréprochable à ses
yeux. Jésus déclare que pour entrer dans le royaume de Dieu,
« il faut que vous naissiez de nouveau » (Jn 3.3,7). Personne
n'entre dans le ciel sans faire l'expérience de cette vie nouvelle.
Quand on naît de nouveau, Dieu donne une vie nouvelle, une
vie éternelle.

Sans cette nouvelle naissance, nous nous privons de tous les biens associés à l'Évangile et à la grâce de Dieu (1 Co 2.14). Sans la nouvelle naissance, nous restons esclaves du péché (Ro 6.17) et de Satan (Ép 2.1,2). Notre cœur demeure endurci contre Dieu (Ép 4.18), nous aimons les ténèbres et haïssons la lumière (Jn 3.19,20). Notre condition est corrompue, nous refusons de nous soumettre à Dieu, de lui être agréables (Ro 8.7,8) et d'accepter Christ comme Seigneur (Jn 6.44,65 ; 1 Co 12.3).

Nous avons besoin de la nouvelle naissance pour être délivrés de la colère de Dieu (Jn 3.36). Sans cette seconde naissance, nous restons coupables de nos péchés et brouillés avec un Dieu saint. Il ne nous reste que l'attente terrible du jugement, de la séparation éternelle de Dieu, et d'être jetés en enfer (Mt 25.41 ; Ap 2.11 ; 20.15). Nous avons besoin de la nouvelle naissance pour goûter pleinement à Dieu, à sa joie, à sa communion, à sa paix, à ses promesses et à son royaume (Jn 10.10).

La nouvelle naissance : ce qu'elle change

Quand nous passons par la nouvelle naissance, même si nous n'en avons pas toujours immédiatement conscience, notre vie change à jamais. Nous devenons une nouvelle création en Christ et, au moyen de la foi qui suit la nouvelle naissance, Dieu jette sur nous un regard différent.

Jean 3.16 est l'un des versets les plus connus de la Bible. Il affirme que si nous croyons en Christ, nous avons la vie éternelle. Ce qui est moins connu, c'est *comment* ce miracle s'opère. Jésus-Christ est le chemin, la vérité et la *vie* (Jn 14.6). Celui qui reçoit Christ jouit du privilège d'hériter cette même vie (Jn 6.51). Comment recevoir Christ ? En croyant en lui. Cette « foi qui sauve » n'est pas une décision de notre propre volonté. Dieu nous la donne. Quand nous plaçons notre confiance en Christ par le miracle de la nouvelle naissance, nous recevons Christ et possédons la vie nouvelle (Jn 20.31).

La nouvelle naissance transforme notre cœur, opère un changement dans nos affections, dans les choses que nous aimons le plus, et modifie le but de notre vie. La Bible décrit cette expérience comme le passage des ténèbres à la lumière (1 Pi 2.9). Nous entrons en communion avec Dieu, et devenons capables de le connaître et de l'aimer (Jn 17.3).

Lorsque vous naissez de nouveau, vous êtes adopté dans la famille de Dieu et recevez le droit de devenir un enfant de Dieu (Jn 1.12). Vous entrez dans son royaume. Tous les obstacles sont ôtés. Vous êtes un héritier légal des biens de Christ et vous avez obtenu le droit de devenir un enfant de Dieu. Vous n'êtes pas seulement réconcilié avec Christ, mais également avec tous les croyants. À la réconciliation verticale avec Dieu par Christ s'ajoute la réconciliation horizontale avec les enfants de Dieu. Dans une famille, quand un père et une mère adoptent un enfant, celui-ci est lié verticalement à ses parents, et horizontalement aux autres enfants de la famille.

La nouvelle naissance nous détache de l'attrait trompeur des choses de ce monde, nous fait triompher du monde et connaître la libération de l'asservissement au péché. Notre cœur est convaincu de son péché et se tourne vers Christ. Dans sa grâce, Dieu nous accorde le pardon et change son regard sur nous ; d'ennemis, nous devenons ses enfants bien-aimés. Nous passons de l'état de coupables et de condamnés à cause de notre péché à celui de justifiés et de justes à cause de Christ (Ro 8.1). En subissant la mort de la croix, Christ, quoique parfait, a connu la condamnation divine, offert le sacrifice requis à cause de nos péchés et obtenu la justice parfaite. Nous héritons des bienfaits de la mort de Christ, et notre vie est changée pour le temps et l'éternité.

Qu'est-ce que Dieu accomplit ?

Avant de clore par l'examen de l'importance de la nouvelle naissance, nous devons aborder une question cruciale : qu'est-ce que Dieu accomplit dans la nouvelle naissance ?

Le salut (c'est-à-dire la délivrance du péché, de la mort et de l'enfer) est un don de Dieu. L'expérience de la nouvelle naissance, qui est un aspect du salut, est donc un don de Dieu. Nous sommes incapables de l'accomplir. Nous ne sommes pas sauvés par nos œuvres. Dieu a fait le premier pas. Il suscite, éveille, vient à notre rencontre dans son amour pour réaliser son œuvre. De même qu'un bébé est incapable de se donner la vie biologique, nous ne pouvons pas nous faire renaître à la vie spirituelle.

La Bible le montre clairement au chapitre trois de l'Évangile selon Jean, dans l'entretien de Jésus avec Nicodème. Cet homme était un éminent docteur de la Loi qui avait beaucoup de respect pour Jésus à la suite des miracles qu'il avait vus. Au cours de la discussion, Jésus déclare :

> En vérité, en vérité, je te le dis, si un homme ne naît de nouveau, il ne peut voir le royaume de Dieu. Nicodème lui dit : Comment un homme peut-il naître quand il est vieux ? Peut-il rentrer dans le sein de sa mère et naître ? Jésus répondit : En vérité, en vérité, je te le dis, si un homme ne naît d'eau et d'Esprit, il ne peut entrer dans le royaume de Dieu. Ce qui est né de la chair est chair, et ce qui est né de l'Esprit est Esprit (Jn 3.3-6).

Ces mots troublent Nicodème. Il ne comprend pas la réalité de la nouvelle naissance ni sa nécessité. Jésus doit lui expliquer que le salut n'est que le résultat de la nouvelle naissance et du don d'une vie nouvelle et spirituelle. Il fait comprendre à Nicodème qu'il est mort et qu'il a besoin d'une nouvelle vie.

Jésus donne une deuxième leçon difficile en disant : « Ne t'étonne pas que je t'aie dit : Il faut que vous naissiez de nouveau. Le vent souffle où il veut, et tu en entends le bruit ; mais tu ne sais d'où il vient, ni où il va. Il en est ainsi de tout homme qui est né de l'Esprit » (Jn 3.7,8). Jésus enseigne ici que l'Esprit de Dieu est imprévisible, incontrôlable, et que les hommes ne peuvent pas le convoquer à leur guise. Non seulement nous avons besoin de cette nouvelle naissance pour entrer dans le royaume de Dieu, mais elle échappe elle-même à notre domination. Elle résulte d'une décision de Dieu et nous n'avons pas le pouvoir de la provoquer.

Il nous est aussi difficile qu'à Nicodème d'accepter cette vérité. C'est perturbant de penser que le salut, la chose la plus importante au monde, échappe à notre domination. Il nous est difficile d'accepter que nous sommes morts dans nos péchés et incapables de susciter cette nouvelle naissance que Jésus présente comme nécessaire à notre salut.

Après la mort de Jésus sur la croix, les disciples ont continué de parler de la nouvelle naissance et de ses effets. Pierre déclare : « Béni soit Dieu, le Père de notre Seigneur Jésus-Christ, qui, selon sa grande miséricorde, nous a régénérés, pour une espérance vivante, par la résurrection de Jésus-Christ d'entre les morts, pour un héritage qui ne peut ni se corrompre, ni se souiller, ni se flétrir ; il vous est réservé dans les cieux » (1 Pi 1.3,4).

Grâce à l'œuvre accomplie par Christ sur la croix, nous avons pu recevoir son Esprit. « Nul ne peut venir à moi, si le Père qui m'a envoyé ne l'attire » (Jn 6.44). En tant qu'êtres humains pécheurs, nous sommes incapables de venir à Dieu sans son intervention surnaturelle. Sans l'action de Dieu, nous ne recherchons pas la justice, nous sommes incapables d'aimer Dieu, nous persistons dans la voie du péché, nous n'aimons pas sincèrement les autres. Il nous faut donc d'abord naître de nouveau ; ensuite, toutes ces choses nous deviennent possibles.

Dans sa souveraineté et son amour, Dieu vient à nous et nous appelle à lui. Il nous donne la vie. Il nous rend vivants. À la suite de ces promesses, nous avons l'assurance que nous sommes ses enfants pour toujours.

> [Dieu] nous a sauvés, non à cause des œuvres de justice que nous aurions faites, mais selon sa miséricorde, par le bain de la régénération et le renouvellement du Saint-Esprit. Il l'a répandu sur nous avec abondance par Jésus-Christ notre Sauveur, afin que, justifiés par sa grâce, nous devenions héritiers dans l'espérance de la vie éternelle (Tit 3.5-7).

Qu'est-ce que nous accomplissons ?

Si Dieu fait tout, quel est notre rôle dans la nouvelle naissance ? Si la repentance, la confession, la foi, la confiance, la reconnaissance et ainsi de suite sont essentielles, elles ne produisent pas cependant la nouvelle naissance. C'est Dieu qui l'opère, et nous faisons l'expérience de cette transformation.

Voici comment les choses se passent. Lorsque l'Esprit de Dieu agit à salut dans la vie d'un individu, au moyen de la Parole, Dieu régénère le cœur (il communique la vie nouvelle à l'individu), faisant ainsi de lui une nouvelle création. À ce titre, le chrétien nouveau-né reconnaît son péché et se tourne vers Dieu pour obtenir le pardon. Dieu le rend apte à croire la Parole. Il en est toujours ainsi (Jn 6.37). Dieu se sert de cette foi pour lier ou unir la personne à Christ. Par cette union, l'être humain s'approprie les bienfaits de l'œuvre de Christ. Nous sommes considérés comme justes parce que nous avons été capables d'hériter la justice de Christ. Elle nous est imputée ou rendue efficace dans notre vie. Nous ne sommes pas seulement innocents, nous sommes objectivement justes. De plus, comme Christ est la *vie* (Jn 14.6), dès lors que nous sommes unis à lui, nous héritons de sa part une vie abondante et éternelle (Jn 6.39,40).

Disons-le autrement. La repentance et la foi découlent infailliblement et inséparablement de la régénération. La vraie repentance se produit lorsque Dieu rend le cœur capable de se détourner du péché. Cela ne signifie pas que le croyant n'aura plus à lutter contre le péché ; il est au contraire davantage conscient de son péché, il s'en attriste et se sent repris devant Dieu. La foi est plus qu'un assentiment intellectuel. C'est une adhésion indubitable à Christ et une soumission sans réserve à l'autorité de Dieu (Ro 3.21-31). Ce passage de la rébellion à la soumission, de l'incrédulité à la confiance raisonnée est le fruit non équivoque de la régénération.

En pratique, la régénération et la foi en Christ s'opèrent simultanément. Sous l'angle de l'homme, il pourrait sembler que la foi précède la régénération. Mais sous l'angle de Dieu, la régénération précède la foi. Il nous est impossible de croire tant que nous ne sommes pas nés de nouveau. Ce qui importe c'est que Dieu, dans sa grâce, rend possibles la régénération et la foi malgré notre péché. Nous croyons parce que Dieu nous a rendus capables de croire. La foi est en fait une preuve que la personne en question a fait l'expérience de la nouvelle naissance. « Quiconque croit que Jésus est le Christ est né de Dieu, et quiconque aime celui qui l'a engendré aime aussi celui qui est né de lui » (1 Jn 5.1).

La nouvelle naissance : la raison de son importance

Malheureusement, beaucoup de chrétiens ne considèrent le salut que comme le moyen d'aller au ciel et d'éviter l'enfer. Christ n'est alors plus le chemin de la vie, mais un moyen d'éviter la mort ; il se réduit à une carte gratuite permettant de sortir de prison ou pire encore, à une assurance contre l'incendie. Selon cette conception du salut, les chrétiens savent *de quoi* ils sont délivrés, mais pas *dans quel but* ils le sont. Le danger d'une évangélisation qui réduit le christianisme à un choix entre le ciel et l'enfer est qu'il minimise la valeur de la nouvelle naissance pour notre vie terrestre.

Les effets du salut se feront surtout sentir après notre mort, mais nous ne devons pas pour autant négliger ses effets dans notre vie présente. Quand Jésus déclare : « Il faut que vous naissiez de nouveau pour entrer dans le royaume de Dieu », il ne fait pas seulement référence à la vie de l'au-delà. On peut vivre le royaume de Dieu dès ici-bas, du moins partiellement. Inauguré dans le temps présent par Christ, il ne sera pleinement établi que dans le siècle à venir. Cependant, la nouvelle naissance nous introduit immédiatement dans le royaume en tant qu'enfants de Dieu.

Si l'évangélisation ne se concentre que sur ce qui arrivera *après* la mort, elle plonge les auditeurs dans la perplexité puisqu'ils se demandant ce que les chrétiens doivent faire *en attendant* leur mort. Le salut nous délivre en fin de compte *de* la colère de Dieu lors du jugement, mais il nous délivre également *pour* vivre avec Christ dès aujourd'hui. Cette réalité change nos priorités, nos désirs, nos affections, ainsi que notre façon de gérer notre temps et notre énergie sur la terre.

L'un de mes cantiques préférés s'intitule « And Can It Be that I Should Gain », de Charles Wesley. Une de ses strophes me rappelle sans cesse le pouvoir de la conversion pour notre vie sur terre :

> Mon âme a longtemps été emprisonnée
> Solidement enchaînée dans la nuit noire du péché.
> Ton regard a diffusé un rayon vivifiant ;
> Je m'éveillai, la prison inondée de lumière ;
> Mes chaînes tombèrent, mon cœur fut affranchi ;
> Je me levai, m'avançai et te suivis.
> *(Traduction libre)*

Combien ces paroles sont vraies ! La vie se présente d'une manière tout à fait différente pour le racheté. Il jouit de la liberté, du pardon, de l'espérance et de la joie.

Si vous êtes né de nouveau, vous devez vivre autrement. Vivez conformément à ce que vous êtes ! Comprenez à quel point la vie est différente (ce que la vie nouvelle en Christ a opéré) et réagissez en conséquence par votre obéissance et votre amour. Vouloir vivre mieux, ce n'est pas chercher à ajouter quoi que ce soit au salut, c'est plutôt une manière de manifester la vie nouvelle par l'obéissance, la gratitude et l'amour. La vie du chrétien né de nouveau révèle Christ au monde et glorifie Dieu.

L'homme né de nouveau cultive l'habitude de pratiquer la justice au lieu du péché, d'aimer autrui, de triompher des attraits du monde, de placer sa confiance et sa foi en Christ. Pierre dit que le monde nous reconnaîtra à l'amour que nous avons : « Aimez-vous ardemment les uns les autres, de tout votre cœur, puisque vous avez été régénérés » (1 Pi 1.22,23). C'est à cela que le monde verra que nous avons reçu l'Esprit, la nouvelle naissance. Si vous êtes passé par la nouvelle naissance, votre vie devrait témoigner de la valeur de Christ et de la puissance de l'Esprit dans la régénération.

Puisque nous avons entendu l'Évangile grâce à sa prédication, à sa lecture, à son étude ou à son écoute et que nous avons reçu cette Parole dans notre cœur par la puissance de l'Évangile, nous devons à notre tour faire connaître cette Parole autour de nous. Dieu est fidèle pour accompagner de sa puissance la présentation de l'Évangile. « [...] vous avez été régénérés [...] par la parole vivante et permanente de Dieu. [...] Et cette parole est celle qui vous a été annoncée par l'Évangile » (1 Pi 1.23-25).

L'Évangile est ce dont Dieu se sert pour communiquer la vie nouvelle. Il est la Bonne Nouvelle selon laquelle Dieu a envoyé son Fils Jésus-Christ pour mourir sur la croix à cause de nos péchés et subir ainsi le châtiment que nous méritions. Dieu ne nous considère plus comme coupables de nos péchés. Nous sommes désormais capables de suivre Christ et de mener une vie juste. Dieu nous considère comme ses enfants, et nous entrons dans son royaume dès maintenant et pour l'éternité. Les réalités de l'Évangile nous permettent de faire l'expérience de la nouvelle naissance. Notre rôle de chrétiens nés de nouveau consiste à faire connaître ces réalités à d'autres, à leur en parler et à les démontrer par notre façon de vivre.

Pour approfondir le sujet

CARSON, D. A., *L'Évangile selon Jean*, Trois-Rivières, Éditions Impact, 2011.

DEMAREST, Bruce, « Unless a Man Is Born Again: The Doctrine of Regeneration », dans *The Cross and Salvation*, p. 277-309, Wheaton, Ill., Crossway, 1997.

MURRAY, John, « Regeneration », dans *Redemption Accomplished and Applied*, Grand Rapids, Eerdmans, 1955, p. 95-105.

PIPER, John, Finally Alive: What Happens When We Are Born Again, Ross-shire, Christian Focus, 2009.

CHAPITRE 5

La justification

POURQUOI PRÉFÉRER LA NOUVELLE DU « SEIGNEUR NOTRE JUSTICE » À CELLE DU « SEIGNEUR NOTRE MODÈLE »

JAY HARVEY

Jean avait tout gâché. Il entra dans mon bureau plus abattu que jamais. Il avait du mal à me regarder dans les yeux. Autrefois chrétien remarquable dans l'assemblée, après six semaines passées à l'université, il avait cédé aux pressions et aux tentations, et s'était retrouvé plongé dans l'alcool et dans l'immoralité sexuelle. Il était terrassé par son péché. Il regrettait ses décisions et aspirait à retrouver sa position d'autrefois. Assis en face de moi, il se sentait condamné et profondément honteux.

Quel espoir reste-t-il pour Jean et des millions comme lui ? Nous avons tous connu le sentiment de condamnation et de honte qui accompagne la prise de conscience de notre péché. Oublions Jean. Subsiste-t-il de l'espoir pour nous ? Absolument ! La Bonne Nouvelle de l'Évangile est que nous pouvons connaître la justification à la place de la condamnation. Dieu nous offre la justice de Christ à la place de notre injustice. Par la foi en Christ, nous pouvons être saints aux yeux de Dieu. Telle est la doctrine de la justification sans laquelle le christianisme n'existerait pas.

Des milliers et des milliers de pages ont été écrites sur la justification, aussi bien dans les années récentes que durant tous les siècles depuis la Réforme. Le défi que je dois relever dans ce chapitre consiste à présenter cette doctrine essentielle d'une manière substantielle, accessible et brève. Je me propose d'aborder ce sujet sous deux angles. Je vais commencer par présenter la justification de façon objective et expliciter cette doctrine au moyen de quatre affirmations débutant par : « La justification est... ». L'essentiel de ce chapitre y sera consacré. Pour finir, je reviendrai sur cette doctrine avec un esprit critique et soulignerai brièvement deux façons différentes et problématiques de concevoir la justification.

Qu'est-ce que la justification ?

Première affirmation : la justification est personnelle

Dans la justification, Dieu nous déclare justes parce que nous entretenons une relation personnelle avec Jésus-Christ. Dans un langage plus théologique, disons que nous sommes unis à Christ par la foi. Il nous connaît, nous aime, et nous accorde tout ce dont nous avons besoin pour vivre une vie abondante (Jn 10.10), notamment sa propre vie. Christ a été fait pour nous « sagesse, justice, sanctification et rédemption » (1 Co 1.30). Notre sagesse nous est « étrangère » ; elle est extérieure à nous. Elle appartient à un Autre, et elle ne devient nôtre que parce que nous appartenons personnellement à cet Autre.

La justification change la nature de notre relation avec Dieu. Nous ne sommes plus les ennemis de Dieu, mais ses amis (Ro 5.10). Jésus a été « livré pour nos offenses, et est ressuscité pour notre justification » (Ro 4.25). Comme Christ a payé pour nos péchés de façon pleinement satisfaisante, Dieu nous considère comme parfaits. Ayant accepté Christ par la foi, nous avons reçu « le pouvoir de devenir enfants de Dieu » (Jn 1.12). Notre Père dans le ciel nous voit comme des enfants parfaitement justes. Nous n'avons donc plus à craindre qu'il nous rejette. En fait, Dieu le Père souhaite ardemment que notre confiance en son amour et en son acceptation se développe. Le Saint-Esprit lui-même « rend témoignage à notre esprit que nous sommes enfants de Dieu » (Ro 8.16).

Notre assurance que Dieu nous aime ne peut se développer sans la justification et la certitude du don gratuit de Dieu, sans une relation authentiquement personnelle avec Dieu. La justification est personnelle parce qu'elle s'obtient au moyen d'une relation personnelle avec Jésus ; elle donne accès à une relation personnelle avec notre Père céleste.

Deuxième affirmation : la justification est un acte

Le terme de justification appartient au langage juridique et désigne le verdict du juge. Si le prévenu est innocent, le juge le déclare justifié. Ce verdict n'est pas un processus, mais un acte instantané. Proverbes 17.15 en donne un bel exemple :

> Celui qui absout le coupable et celui qui condamne le juste sont tous deux en abomination à l'Éternel.

Si la justification était un processus, elle serait une bonne chose pour absoudre ou justifier le coupable. Elle serait une œuvre que nous pourrions accomplir ou aider à accomplir. Cependant, la justification n'est pas un processus ; elle est un verdict. Dans Luc 7.29, il est dit que les pécheurs « ont justifié Dieu » et dans Luc 7.35, que la sagesse de Dieu (sa façon d'agir) « a été justifiée par tous ses enfants. » Ni Dieu ni sa façon d'agir ne peuvent être rendus plus justes qu'ils ne le sont. La justification n'est pas une œuvre que nous accomplissons, mais un jugement porté sur nous. C'est pourquoi le juge qui justifie le coupable ou le déclare innocent commet une flagrante injustice (Pr 17.15 ; De 25.1,2).

La Bible souligne constamment les aspects légaux de la justification. Dieu ne nous *rend pas justes* à cet instant ; il nous *déclare justes*, tout comme un juge prononce ce verdict à l'encontre de l'accusé au tribunal. Grâce au ministère du Saint-Esprit, Dieu nous rend de plus en plus justes avec le temps dans notre façon de vivre. Ce processus s'appelle la sanctification. Nous ne progressons pas dans la sanctification *pour* être justifiés, mais *parce que* nous le sommes déjà. L'acte déclaratif par lequel Dieu nous justifie est le terrain de la grâce dans lequel se développera une vie remplie de grâce.

La sanctification serait un labeur accablant si la justification était un processus. Au lieu de rechercher joyeusement la sanctification par les compassions de Dieu (Ro 12.1-2), nous serions constamment dans la crainte de l'échec et du jugement. En vertu de la grâce gratuite qui nous est offerte dans la justification, nous pouvons joyeusement rechercher la sanctification sans craindre l'échec ou le rejet divin. L'assurance que nous sommes parfaitement justes, acceptés et aimés par notre Père céleste constitue l'un des plus puissants encouragements dans la marche vers la sanctification. Nous sommes libres d'aimer Dieu de tout notre cœur parce que nous nous savons pleinement assurés de son amour. Nous pouvons vivre comme des enfants et non comme des esclaves.

Troisième affirmation : la justification s'opère par imputation

Si c'est une abomination pour un juge d'absoudre un coupable, comment Dieu a-t-il contourné cet obstacle ? Est-ce par un tour de passe-passe ou par une entorse à la loi que notre Dieu juste justifie l'injuste ? Ce serait le cas si Dieu avait passé par-dessus notre péché ou omis de le juger. Cependant, il n'a pas minimisé notre péché et n'a pas manqué de le juger. Il a procédé au contraire à un échange inouï en transférant notre péché sur Christ et en nous imputant sa justice. « Celui qui n'a point connu le péché, il l'a fait devenir péché pour nous, afin que nous devenions en lui justice de Dieu » (2 Co 5.21). Dieu a vraiment châtié le péché. Il ne nous a pas délivrés de notre responsabilité par un tour de main magique. Il a assimilé Christ au péché et l'a jugé en conséquence. Ensuite, il nous a regardés comme il regardait Christ et nous a considérés comme justes.

Les théologiens utilisent le terme d'*imputation* pour décrire ce grand échange. Il comporte deux aspects. Dieu le Père fait porter à Christ notre culpabilité et la sanction qui s'y rattache. Jésus est crucifié pour nos péchés, subissant la colère divine que nous méritions. Il importe de comprendre que la mort de Jésus sur la croix était différente de celle des deux brigands de chaque côté de lui. Jésus a pris sur lui tout le poids de la colère divine à cause de nos péchés ; sa mort était donc une agonie bien plus terrible que la torture et la souffrance physique de la crucifixion. Jésus a connu l'enfer. Cette dimension spirituelle différencie la mort de Jésus de celle de tous les êtres humains. Le terme biblique utilisé pour décrire la mort de Jésus est celui de *propitiation*. Le Père a accepté le sacrifice de son Fils sur la croix ; ce sacrifice a rendu le Père propice aux pécheurs. C'est pourquoi Paul peut écrire : « C'est lui que Dieu a destiné à être, par son sang pour ceux qui croiraient, victime propitiatoire » (Ro 3.25). Et ailleurs : « Christ nous a rachetés de la malédiction de la loi, étant devenu malédiction pour nous » (Ga 3.13). De son côté, Jean déclare : « Et cet amour consiste, non point en ce que nous avons aimé Dieu, mais en ce qu'il nous a aimés et a envoyé son Fils comme victime expiatoire [*litt. «propitiation»*] pour nos péchés » (1 Jn 4.10). La croix de Christ révèle simultanément l'horreur de notre péché et l'immensité de l'amour de Dieu qui a substitué la vie de son Fils à la nôtre.

Dans le premier aspect de l'imputation, Dieu attribue notre péché à Christ. Dans le second aspect, il accomplit une œuvre inverse en nous attribuant la justice de Christ. Quand Dieu le Père nous déclare justes, il ne veut pas seulement dire que nous ne méritons pas d'être punis pour notre péché, mais aussi que nous avons accompli tout ce que nous devions. Quel cadeau étrange et merveilleux ! De toute évidence, nous n'avons pas fait tout ce que nous aurions dû. Nous sommes pécheurs. Mais Dieu le Père porte à notre crédit la vie juste et l'obéissance de Christ.

Quand Adam a désobéi à Dieu dans le jardin d'Éden, il est devenu sujet au châtiment de la mort. L'apôtre Paul trace un parallèle entre Adam et Christ et souligne fortement l'opposition entre la désobéissance d'Adam et l'obéissance de Christ. « Car, comme par la désobéissance d'un seul homme beaucoup ont été rendus pécheurs, de même par l'obéissance d'un seul beaucoup seront rendus justes » (Ro 5.19). Le verbe grec traduit par « rendus » ne signifie pas qu'avec le temps beaucoup deviendront progressivement justes. Le terme indique la désignation à une fonction ou à une position. Paul l'utilise dans ce sens lorsqu'il demande à Tite d'établir ou de désigner des anciens dans l'Église (Tit 1.5). Dans Romains 5.19, Paul enseigne qu'en vertu de l'obéissance de Christ, ceux qui sont en Christ par la foi sont désormais considérés comme occupant une nouvelle position, celle de justes, à cause de son obéissance.

Luc partage le même point de vue par sa façon de présenter la généalogie de Jésus-Christ entre son baptême et sa tentation. Lors du baptême de Jésus, Dieu le Père déclare à Christ : « Tu es mon Fils bien-aimé ; en toi j'ai mis toute mon affection. » Jésus se soumet au baptême de Jean pour bien montrer qu'il prend la place d'Israël pécheur afin de remplir la mission que Dieu avait en vue pour Israël. En affirmant qu'il aime son Fils unique, le Père indique qu'il aime son fils Israël dans la mesure où il appartient à Christ.

De même, Luc établit un contraste délibéré entre Jésus et Adam. En tant que fils d'Adam (Lu 3.38), Jésus va connaître la même mise à l'épreuve qu'Adam dans le jardin. C'est pourquoi l'Esprit conduit Jésus dans le désert pour y être tenté par le Diable. Alors qu'Adam avait péché et échoué, plongeant toute la race humaine dans la mort et la condamnation, Jésus, le second Adam, s'oppose victorieusement au tentateur et acquiert pour son peuple la vie et la justice. Il fait preuve d'une obéissance parfaite tout au long de sa vie, et cette obéissance est portée au compte de celui qui s'unit à lui par la foi. Bénissons Dieu de ce que nous ne dépendons plus de notre justice, mais que nous pouvons revendiquer une justice « venant de Dieu » et qui s'obtient par la foi (Ph 3.9).

On ne saurait trop souligner l'importance de l'imputation. Sur elle reposent notre confiance, notre espérance et notre joie. Comme le Dr Martyn Lloyd-Jones, le grand prédicateur britannique, le déclare : « Mon péché inscrit dans mon livre de comptes est transféré au compte de Christ ; puis, sa bonté, sa justice et sa pureté sont transférées à mon compte et à mon nom ! En Christ, Dieu me voit revêtu de sa justice[1]. »

Le fait d'être revêtu de la justice de Christ ne constitue pas seulement le cœur de la justification ; c'est le cœur de la foi chrétienne. Adam reçoit un vêtement de peau d'animal pour remplacer le pagne de feuilles de figuier qu'il avait cousues ensemble afin de cacher sa nudité et sa honte (Ge 3.7,21). Josué, le souverain sacrificateur, reçoit des vêtements propres pour remplacer ses vêtements souillés, en vue de lui faire comprendre que l'Éternel a ôté son péché et que Satan ne peut plus l'accuser (Za 3.2-5). Le fils prodigue reçoit la plus belle robe de la maison, celle de son père, pour remplacer les vêtements qu'il avait salis par sa vie de débauche (Lu 15.22). Dans le ciel, les croyants sont vêtus de robes blanches, car « ils ont lavé leurs robes, et ils les ont blanchies dans le sang de l'Agneau » (Ap 7.14). Plus de vêtements sales, rien que des vêtements propres, telle est la bonne nouvelle de la justification par l'imputation. Revêtus de la justice de Christ, nous sommes libérés du fardeau de la culpabilité et de la honte. Bien que nous péchions encore, nous sommes considérés comme justes, parfaitement aimés et acceptés par notre Père dans les cieux.

Quatrième affirmation : la justification s'obtient par la foi seule

Comme nous sommes justifiés uniquement en vertu de la justice de Christ, notre rôle dans la justification ne consiste pas à obéir, mais à croire en Christ. Notre obéissance ne

---

1. Martyn Lloyd-Jones, *The Kingdom of God*, Wheaton, Ill., Crossway, 1992, p. 80 (traduction libre).

peut pas nous justifier : « [...] sachant que ce n'est pas par les œuvres de la loi que l'homme est justifié, mais par la foi en Jésus-Christ [...] » (Ga 2.16*a*). Paul affirme que « nous avons cru en Jésus-Christ, afin d'être justifiés par la foi en Christ et non par les œuvres de la loi » (Ga 2.16*b*). Même si l'expression « œuvres de la loi » se réfère plus particulièrement à des pratiques juives telles que la circoncision et la nourriture kasher, elles désignent, au sens plus large, tout ce que nous accomplissons. Si nous sommes sauvés par l'obéissance, alors selon Paul, « Christ est donc mort en vain » (Ga 2.21). En cherchant à nous justifier nous-mêmes par toutes sortes d'efforts humains, nous portons atteinte à la suffisance de l'œuvre expiatoire de Christ. Il n'y a que la justification par la foi seule qui préserve l'honneur et la gloire de l'œuvre accomplie par Christ sur la croix.

La foi en Christ afin d'être justifiés exige un changement radical dans le regard que nous portons sur nous-mêmes. L'apôtre Paul en arrive à dire qu'il considère non seulement ses péchés, mais également ses meilleurs atouts « comme de la boue, afin de gagner Christ » (Ph 3.8). Le mot *boue* traduit un terme grec utilisé à propos d'excréments d'animaux, d'ordures, d'une chose sans valeur. L'apôtre sait que parce qu'il est pécheur, même ses œuvres les plus justes n'ont aucune valeur aux yeux de Dieu. Le prophète Ésaïe fait la même constatation : « Toute notre justice est comme un vêtement souillé » (64.5). Elle ressemble à une serviette périodique que l'on jette après usage. Ce langage cru à propos de notre justice aux yeux de Dieu a pour but de dénoncer violemment l'une de nos tendances coupables les plus marquées, à savoir l'orgueil.

Nous cherchons constamment à nous justifier devant Dieu, à être assez bons sans Christ. Dieu ne veut pas que nous placions notre confiance dans notre bonté. Il ne veut pas que nous compensions nos péchés passés par notre obéissance présente. Il ne veut pas que nous nous considérions comme assez bons pour entrer au ciel en nous comparant aux Hitler et Staline du monde. Les comparaisons sont inutiles quand il s'agit d'établir notre justice devant Dieu. Celui-ci a crucifié son Fils unique pour notre justification. Il veut donc que nous placions notre confiance uniquement en lui. En matière de justification, ajouter quoi que ce soit à la foi équivaut à s'aventurer sur des sables mouvants. Il n'existe qu'un seul terrain ferme sur lequel il nous est donné de nous tenir justifiés devant Dieu : c'est de placer notre foi en Jésus-Christ uniquement.

Deux façons problématiques de concevoir la justification

La doctrine de la justification touche tous les aspects de la vie chrétienne. Avant de conclure ce chapitre en soulignant l'importance de cette doctrine, abordons brièvement deux manières différentes et problématiques de concevoir la justification.

Pour l'Église catholique romaine, la justification est un processus. Elle croit que par notre foi en Christ et notre participation aux sacrements de l'Église, Dieu accorde la grâce qui nous est nécessaire pour mener une vie d'obéissance. À notre mort, Dieu nous déclare justes en partie à cause de nos efforts visant à lui obéir. À la question : « Que dois-je faire pour être sauvé ? », la théologie catholique romaine répond : « Repens-toi, crois et pratique la charité. » Comme pratiquement tous ceux qui meurent ne sont pas complètement justes, la plupart des gens passeront un certain temps au purgatoire pour y être purifiés du péché restant.

Outre toute la notion du purgatoire, la manière dont le catholicisme conçoit la justification ne peut tenir devant les données bibliques. Nous ne trouvons nulle part dans l'Écriture l'idée que le baptême efface le péché originel. Il est tout aussi difficile de ne pas assimiler la notion catholique de charité, même les actes empreints de grâce, aux œuvres de la Loi, erreurs commises par les Galates. La Bible refuse de faire de l'obéissance, qu'elle se traduise par des actes de charité ou par l'observance de la Loi, le fondement de notre justification.

Certes, les catholiques romains qui connaissent bien la théologie officielle sont prompts à rétorquer que c'est uniquement en vertu de la grâce que le chrétien peut accomplir les actes justes qui le justifient. Cependant, en fin de compte, c'est la justice personnelle inhérente au croyant qui sert de fondement à la justification et non la justice de Christ. Pour les catholiques, la justification n'est pas simplement une déclaration juridique, mais un changement réel opéré en nous. Une fois sa condition morale changée, l'individu prend un nouveau départ avec Dieu et entreprend un cheminement qui exige repentance et confession tout au long de sa vie. Finalement, la conception catholique prive le croyant de l'assurance de son acceptation ultime par Dieu. Pour être sauvé, il lui faut faire quelque chose de plus qu'un authentique acte de foi.

Ce qu'on appelle vaguement une « nouvelle perspective sur l'enseignement de Paul » constitue une attaque plus récente contre la doctrine historique de la justification. Ce qui est « nouveau » dans cette thèse est l'affirmation selon laquelle dans son enseignement sur la justification dans Galates, Romains et Philippiens, Paul ne vise pas le légalisme (le salut qui s'obtiendrait par la foi en Christ *et* par l'obéissance à la Loi). Paul combattrait l'attitude des chrétiens d'origine juive à l'égard des païens. En tant que peuple élu de Dieu, les Juifs se sentaient supérieurs aux païens. Aussi s'attendaient-ils à ce que ces les païens convertis observent les principales lois cérémonielles juives, telles que la circoncision, le sabbat et les règles alimentaires. Pour ce nouveau courant, l'expression « œuvres de la Loi » ne concerne pas tous les actes d'obéissance à la Loi en général, mais s'applique de façon étroite à celles qui caractérisent la religion juive. Par conséquent, lorsque Paul déclare que nous sommes justifiés par la foi et non par les œuvres de la Loi, il demande aux judéo-chrétiens de ne pas contraindre les païens à les imiter dans leur style de vie en observant leurs lois particulières.

La « nouvelle perspective » veut veiller à ce que nous n'importions pas dans le Nouveau Testament les luttes de Luther avec l'Église catholique. C'est un avertissement salutaire. Les Juifs du Ier siècle ne se considéraient pas comme des légalistes chaussés de bottes de sept lieues pour entrer au ciel. Nous n'avons cependant aucune raison de penser que les « œuvres de la Loi » ne s'accompagnaient pas d'une composante légaliste. Comme je l'ai déjà indiqué, peu importe la nature des lois en question, il s'agissait tout de même d'œuvres sur lesquelles les Juifs s'appuyaient pour être en règle avec Dieu. Jésus lui-même était conscient des tendances légalistes au sein du judaïsme lorsqu'il « dit encore cette parabole, en vue de certaines personnes se persuadant qu'elles étaient justes, et ne faisant aucun cas des autres » (Lu 18.9). Dans cette parabole, un pharisien remercie Dieu de ce qu'il ne ressemble pas aux autres pécheurs. Le publicain (généralement considéré comme « pécheur » au temps de Jésus) suppliait Dieu d'avoir pitié de lui, un pécheur. Jésus conclut son récit en déclarant que le publicain « descendit dans sa maison justifié, plutôt que l'autre » (v. 14). Jésus enseigne la même leçon que Paul : ne vous appuyez pas sur votre justice personnelle même si vous pensez devoir vos bonnes œuvres à Dieu (v. 11).

Au Ier siècle comme au XXIe siècle, la nature humaine aime s'appuyer sur le légalisme et la confiance en soi. Dans notre orgueil, nous tenons à faire valoir notre justice personnelle devant Dieu au lieu de compter entièrement sur la justice de Christ. Cette tendance est universelle ; elle ne se limite pas aux Juifs ou aux païens, aux anciens ou aux modernes, aux jeunes ou aux moins jeunes. Le légalisme est un problème des Juifs du Ier siècle, qu'ils en aient eu conscience ou non. C'est également notre problème aujourd'hui.

Conclusion : l'importance de la justification

La justification est importante parce que rien n'importe plus pour la vie et la mort que ce que Dieu pense de nous. Tout compte fait, il n'y a que deux solutions : Dieu nous considère soit comme des justifiés, soit comme des condamnés. À l'inverse, nous considérons Dieu soit comme notre Père aimant, soit comme notre Juge terrifiant.

La Bonne Nouvelle est que Dieu nous offre la justification par la foi seule en Jésus-Christ seul. Il n'y a plus de condamnation pour celui qui est justifié en Christ. « Il n'y a donc maintenant aucune condamnation pour ceux qui sont en Jésus-Christ » (Ro 8.1). Indubitablement, beaucoup de chrétiens luttent contre des sentiments de condamnation, parce qu'ils sont hantés par le souvenir de péchés passés et accablés par la honte présente. Certains sont même paralysés par leur culpabilité. La solution ne consiste pas à apprendre à se pardonner à soi-même, à prendre de bonnes résolutions ou à payer pour nos péchés passés en nous lamentant. Nous ne pouvons pas enfouir le fardeau des péchés d'autrefois sous une épaisse couche de bonnes œuvres ou de prouesses. La tache subsiste. Seulement la justification par la foi seule peut redonner la paix à notre conscience et nous rendre libres de mener une vie digne de chrétiens.

Si vous êtes chrétien et croyez que Dieu ne pourra plus jamais se servir de vous ou qu'il ne pourra jamais vous pardonner parce que vous avez perdu votre virginité, subi une interruption volontaire de grossesse, eu des rapports homosexuels, touché à la drogue ou commis quelque péché considéré très grave, relisez le Psaume 32 en le personnalisant. « Heureux Jay Harvey à qui le péché est pardonné. » Mettez votre nom dans Romains 8 et dans le Psaume 51. En Christ, Dieu est totalement et définitivement pour vous, pas contre vous.

Tous ceux qui n'ont pas une notion solide de la doctrine de la justification seront fréquemment assaillis par des sentiments de condamnation. En tant que pasteur, je l'ai maintes fois constaté, surtout chez des personnes qui se sont laissé entraîner dans des péchés sexuels ou dans l'occultisme. Ces péchés sont chargés d'images, d'émotions et de souvenirs puissants. Dans notre culture de moins en moins chrétienne, de nombreuses personnes viendront à Christ en ayant connu de grandes luttes dans leur passé ou en les traversant encore. Les jeunes sont entraînés dans toutes sortes de péchés sexuels à un âge plus précoce qu'autrefois. La pornographie menace toute une génération d'hommes jeunes. Il va de soi qu'il faut lutter contre ces péchés. Cependant, on ne peut en triompher tant que l'assurance d'être pardonnés nous fait défaut. Satan est le grand accusateur et montre un doigt cruel en direction de nos transgressions, mais Dieu a livré ces puissances spirituelles « publiquement en spectacle, en triomphant d'elles » par la crucifixion de Christ (Col 2.15). La dette a été acquittée, la Loi accomplie. Notre justification est réelle. L'Église conserve le même modèle. Dieu veut que nous soyons transformés par l'Esprit, remplis d'espérance, pleinement heureux en Christ, aimés par les frères et sœurs, et délivrés de la honte. Tout cela est possible parce que nous sommes justifiés par la foi seule.

Pour approfondir le sujet

FERGUSON, Sinclair, *La vie chrétienne*, Trois-Rivières, Éditions Cruciforme, 2014.

MAHANEY, C. J., *Vivre une vie centrée sur la croix*, Longueuil, Ministères Multilingues, 2013.

OLIPHINT, K. Scott, éd., *Justified in Christ: God's Plan for Us in Justification*, Ross-shire, Christian Focus, 2007.

PACKER, J. I., Mark Dever, *In My Place Condemned He Stood: Celebrating the Glory of the Atonement*, Wheaton, Ill., Crossway, 2008.

WATERS, Guy Prentiss, *Justification and the New Perspectives on Paul: A Review and Response*, Phillipsburg, N. J., P&R, 2004.

CHAPITRE 6

La sanctification

L'APITOIEMENT NE SUFFIT PAS

OWEN STRACHAN

Que signifie être sanctifié ? S'agit-il :

1. d'être brisé ?
2. de ne pas danser ?
3. d'être pertinent ?
4. de ne pas fumer (et de ne pas fréquenter ceux qui le font) ?
5. de mener une vie juste ?

J'ai évidemment brouillé les cartes ! Bien entendu, la bonne réponse est la cinquième. La sanctification consiste à mener une vie de droiture et de justice. C'est vivre d'une manière qui plaise au Seigneur.

Cela a beau paraître évident, nous, chrétiens, pouvons aisément nous tromper quant à la signification réelle de la sanctification dans notre vie. Au lieu d'insister sur le Seigneur et sa Parole, nous pouvons tout simplement réduire la sanctification à certains comportements extérieurs et à une certaine façon de voir les choses, à des méthodes et des pratiques choisies. Pour les anciennes générations de chrétiens, il était de la plus haute importance de paraître saints et posés, d'éviter certaines pratiques (en particulier la danse, la cigarette et même les jeux de cartes), et d'adopter au contraire certains comportements (fréquenter assidûment l'Église, lire la Bible, prier). S'il y a de la sagesse dans cette façon de vivre, elle peut néanmoins virer rapidement au légalisme, à l'obéissance sans joie à des codes et des pratiques considérés comme attirant immanquablement l'approbation de Dieu.

Vous avez sans doute remarqué qu'aujourd'hui, de nombreux chrétiens ont une façon de voir les choses légèrement différente. Alors que le légalisme de vos parents et de vos grands-parents les poussait fortement à éviter la culture ambiante, aujourd'hui de nombreux chrétiens vont dans la direction opposée vers une vague antinomie, un certain état d'esprit qui rejette toute loi. Emboîtant le pas à la tendance de la société postmoderne, ils se débarrassent du carcan de l'hypocrisie et du formalisme, et insistent sur des vertus telles que l'« authenticité » et le « brisement ». Même si ces concepts présentent certains liens avec la doctrine chrétienne, ils ne sont que de simples aspects de la sanctification biblique.

Nous devons éviter de tomber dans le légalisme d'un côté et dans l'antinomie de l'autre. Nous allons explorer, dans ce chapitre, le portrait passionnant et plein de vie que la Bible brosse de la sanctification. Nous commencerons par creuser au cœur des réalités théologiques concernant la sanctification biblique. Nous examinerons ensuite brièvement plusieurs passages bibliques sur ce thème. Nous conclurons enfin par quelques remarques relatives à des sujets importants qu'il faut garder à l'esprit quand on parle de la sanctification.

Un aperçu théologique de la sanctification

Le terme « sanctification » peut donner l'impression qu'il s'agit d'un concept sinistre. Or, il ne l'est pas du tout. Voici la définition qu'en donne le théologien Wayne Grudem : « La sanctification est une œuvre progressive à la fois de Dieu et de l'homme, qui nous rend de plus en plus libres à l'égard du péché et de plus en plus semblables à Christ dans le contexte de notre existence quotidienne[1]. » Nous apprenons que la sanctification est « progressive », ce qui signifie qu'elle se déroule tout au long de la vie. Elle ne sera achevée qu'au moment où le croyant entrera au ciel. De plus, Dieu et l'être humain participent conjointement à cette œuvre. Contrairement à la justification qui résulte uniquement de l'initiative et de la puissance de Dieu, la sanctification suppose un effort de notre part. Nous ne pouvons tendre vers une conformité croissante à la volonté de Dieu sans déployer d'efforts et sans implication personnelle, même si toute notre énergie provient finalement et gratuitement de Dieu (Ph 2.12,13). Comme le déclare John Murray, « *parce que* Dieu agit, nous agissons[2] ».

La sanctification est essentiellement une guerre contre le péché, une lutte en faveur de la sainteté. L'évêque anglican du XIXᵉ siècle, J. C. Ryle, explique :

> La sanctification est l'œuvre intérieure spirituelle que le Seigneur Jésus-Christ accomplit par la puissance du Saint-Esprit dans l'être humain qu'il appelle à devenir un véritable croyant. Non seulement il le lave de ses péchés par son sang, mais de plus, il le *sépare* de son amour naturel du péché

---

1. Wayne Grudem, *Théologie systématique*, Charols, Excelsis, 2010, p. 822.
2. John Murray, *Redemption Accomplished and Applied*, Grand Rapids, Eerdmans, 1955, p. 149.

et du monde, inscrit un nouveau principe dans son cœur, et en fait, de façon pratique, un individu pieux dans la vie. L'instrument dont l'Esprit se sert pour opérer cette œuvre est généralement la Parole de Dieu. [...] L'Écriture appelle homme « sanctifié » l'objet de cette œuvre de Christ par son Esprit[3].

Être sanctifié, c'est devenir saint. La sanctification est un combat. Dieu et ses enfants s'unissent pour combattre Satan et le péché. Le croyant est « lavé » de son péché par la foi dans l'œuvre de justification. Dans la sanctification, le Seigneur « sépare » le croyant de son « amour naturel du péché ». La lutte contre notre injustice intrinsèque n'a rien d'un coup d'éclat unique ; c'est plutôt une guerre à vie. Satan s'efforcera constamment de nous décourager lorsque nous chancelons, mais nous devons persévérer dans notre lutte contre lui en nous chargeant journellement de notre croix dans notre marche vers le repos qui nous attend (Lu 9.23).

Dans ce sens, nous reconnaissons que nous sommes fortement brisés par le péché et incapables de nous en sortir par nous-mêmes sans l'intervention du Dieu de grâce. Il nous faut passer par l'humiliation et la confession avant de nous délecter de la douceur de la grâce. Nous devons donc reconnaître notre corruption totale et notre dépendance envers le Seigneur. Sans son aide, tous nos efforts visant à nous rendre, par nous-mêmes, purs et saints aux yeux de Dieu sont voués à l'échec. Nous le savons en tant que chrétiens, mais nous l'oublions fréquemment et devons donc passer continuellement par la repentance et le brisement pour être relevés.

Souvenons-nous aussi que ce combat n'est pas équitable. En effet, les tentations de Satan ont beau être fortes et notre

---

3. J. C. Ryle, *Holiness : Its Nature, Hindrances, Difficulties, and Roots* [1877], réimpr., Moscow, ID, Charles Nolan, 2001, p. 19.

chair faible, Dieu a triomphé de ces deux ennemis par la mort de son Fils. Par sa crucifixion et sa résurrection, Jésus-Christ a vaincu le péché et écrasé Satan. Le Saint-Esprit unit à Christ tous ceux qui ont fait l'expérience de la nouvelle naissance par la foi en Jésus-Christ et qui se sont repentis de leurs péchés.

La sanctification procède des réalités de l'Évangile. Elle ne peut s'accomplir sans lui. C'est comme un ordinateur placé sur un bureau. S'il n'est pas relié à une source d'énergie, il ne peut rien faire. À partir du moment où l'utilisateur le branche sur une prise de courant, l'appareil peut accomplir des prodiges. Il en est de même pour nous. Sans la puissance du Saint-Esprit reçue par la foi dans la personne et l'œuvre de Jésus-Christ, nous ne pouvons rien faire qui puisse plaire à Dieu, et nous nous exposons à sa juste colère et au jugement éternel. Lorsque nous prêtons foi à l'Évangile et que le Saint-Esprit habite en nous, nous avons accès au courant puissant de sainteté qui jaillit de la Divinité et se répand dans l'âme du croyant. La sanctification ne ressemble pas à un jeu non violent, il ne s'agit pas de petites retouches apportées dans la vie spirituelle. Elle s'apparente davantage à un électrochoc, à une expérience grisante du pouvoir de Dieu en nous. Elle provoque une faim et une soif des choses de Dieu que lui seul peut combler. En croyant journellement à l'Évangile et en le mettant en pratique dans notre vie, nous goûtons à l'essence de la sanctification biblique.

Résumons : la sanctification est progressive ; elle implique notre collaboration avec Dieu ; elle s'enracine dans l'Évangile et fait appel à la foi. Elle est l'expérience de la puissance de Dieu dans le cœur du croyant. Toute cette œuvre est orientée vers un but : que notre vie glorifie Dieu. La sanctification poursuit un but doxologique, elle est motivée par un objectif dominant qui transcende tous les autres : la glorification du

Dieu dont la sainteté parfaite n'exige rien de moins. La sanctification vient *de* Dieu et elle est *pour* lui.

Un aperçu biblique de la sanctification

Après avoir posé le fondement théologique nécessaire pour comprendre ce qu'est la sanctification, examinons plus attentivement le texte biblique lui-même. La sanctification est une réalité aux multiples facettes, et la Bible la considère sous plusieurs angles dont chacun précise notre conception de la sainteté.

Quand Jésus se présente comme l'accomplissement de l'Ancien Testament, de ses enseignements et de ses prophéties (Lu 24.44,45), il apparaît comme le Messie, celui dont le sacrifice personnel va purifier les coupables et les rendre purs aux yeux du Seigneur (voir És 53). Jésus inaugure une nouvelle ère dans laquelle tous ceux qui placent leur confiance dans le Seigneur croîtront en sainteté en suivant Christ par la foi, et non en obéissant à la Loi qui l'annonçait. Jésus réitère l'appel à la sainteté, mais il a entrepris une nouvelle œuvre en accordant le Saint-Esprit à ceux qui croient en lui en tant que Messie. L'Esprit rend les disciples de Christ capables de laisser leur vie de péché derrière eux pour adopter un nouveau style de vie, une vie de sainteté et de conformité à Christ (voir Ro 8.1-4).

Paul présente la sanctification comme une guerre sans relâche contre « les ruses du diable », ce qui requiert de se revêtir de « toutes les armes de Dieu » (Ép 6.11,13). Notre panoplie inclut « la vérité pour ceinture », « la cuirasse de la justice », les « chaussures » de « l'Évangile de paix », le « bouclier de la foi », « le casque du salut » et « l'épée de l'Esprit » (Ép 6.14-17). La prière est la logistique qui nourrit notre combat contre Satan ;

nous devons prier « en tout temps par l'Esprit » pour les progrès et la victoire de l'Évangile (Ép 6.18). Comme nous le rappelle 1 Thessaloniciens 5.17, nous devons prier « sans cesse ».

Colossiens 3.1-17 brosse un tableau mémorable de la recherche de la sainteté. Paul y déclare que nous devons chercher « les choses d'en haut », non celles qui sont « sur la terre » que nous devons faire « mourir » (Col 3.1,2,5). C'est un tableau guerrier. La sanctification ne fait pas appel à un remède homéopathique. C'est un combat impitoyable et sanglant qui n'est pas pour les âmes sensibles. Pour plaire au Seigneur, il ne faut pas rester les bras croisés et laisser Dieu agir seul. Nous devons nous avancer et tuer le péché qui menace de nous tuer. Il ne s'agit pas d'un devoir facultatif. Après tout, l'Écriture ne suggère nullement que notre vie change automatiquement par la puissance de l'Esprit pour la gloire de Dieu. Les rédacteurs de l'Écriture, et son Auteur suprême nous *ordonnent* d'agir concrètement, ce qui s'accorde avec la nature générale de la Bible. Inspirée par Dieu (2 Ti 3.16), elle ne s'offre pas passivement comme un accessoire que l'humanité peut soupeser. Elle s'impose à nous comme « un feu dévorant », pour reprendre une image de l'Ancien Testament (De 4.24). Elle est une réalité transcendante qui nous engloutit tout entier.

Dans 1 Timothée, Paul exhorte son jeune disciple Timothée à « fuir » les tentations du siècle présent et à saisir « la vie éternelle, à laquelle tu as été appelé » (1 Ti 6.11,12). Le mentor cherche à ranimer le courage de son protégé en déclarant : « Je te recommande, devant Dieu […] de garder le commandement, et de vivre sans tache, sans reproche, jusqu'à l'apparition de notre Seigneur Jésus-Christ » (1 Ti 6.13,14). Cet appel donne à réfléchir. La sainteté est rarement le genre d'expérience soudaine que Paul a faite sur le chemin de Damas. Elle ressemble davantage aux quarante années de pérégrinations

d'Israël dans le désert, au cheminement des apôtres qui ont
suivi les indications de l'Esprit de Christ vers la croix du mar-
tyre, au combat quotidien que livrent aujourd'hui les chrétiens
de Chine, de Dubaï et du Soudan pour leur survie. La sanctification consiste essentiellement à s'accrocher avec ténacité à la
tunique de Christ, à lutter avec l'Éternel en implorant sa bénédiction, à séjourner dans la vallée de la mort à la recherche
d'une cité qu'on n'aperçoit pas.

Comment lutter aujourd'hui en vue de la sancti-fication personnelle

Dans cette dernière section importante, je propose sans détour
des conseils aux lecteurs qui veulent vivre pour le Seigneur
dans un monde moderne impie. Voici donc trois exhortations
à garder présentes à l'esprit en progressant dans votre compréhension de la doctrine concernant la sainteté personnelle.

Soyez conscients de certains des péchés flagrants de ce siècle et combattez-les particulièrement

Il est important de ne pas combattre seulement ce qu'on
appelle *péché* de façon générale. Dans notre marche avec le
Seigneur, nous rencontrons un ennemi précis, pas un adver-
saire abstrait. Nous ne tuons pas le Péché, mais des péchés qui
se manifestent de façon particulière dans notre vie.

Soyons concrets. J'indique ci-après quelques domaines
dans lesquels nous avons à lutter aujourd'hui. Rappelez-vous
toutefois que ce ne sont là que quelques-uns des problèmes que
nous pouvons aborder dans le cadre de cet ouvrage.

L'amour de soi. Dans la Bible, le pécheur qui veut être
saint aux yeux du Seigneur reconnaît qu'il n'est rien et que le

Seigneur est tout. Pensez aux paroles d'Ésaïe lorsqu'il mesure à quel point lui et son peuple sont impurs devant le Seigneur : « Alors je dis : Malheur à moi ! je suis perdu, car je suis un homme dont les lèvres sont impures, j'habite au milieu d'un peuple dont les lèvres sont impures, et mes yeux ont vu le Roi, l'Éternel des armées » (És 6.5). Quel puissant témoignage rendu à la magnificence de Dieu et à notre insignifiance ! Étant de ceux qui ont reconnu que Dieu est grand et que nous ne le sommes pas, qui ont été écrasés par cette prise de conscience, nous sommes appelés à exalter le Seigneur et non nous-mêmes.

Or, la culture moderne prône justement l'exaltation de l'homme. Je donne un exemple. Bien qu'il comporte de nombreux côtés positifs et utiles (dont je profite personnellement), Internet semble promouvoir la glorification de soi. Plusieurs d'entre nous passent beaucoup de temps sur différents réseaux sociaux qui attirent l'attention sur l'individu. Nous affichons sur le Net notre dernière pensée lumineuse, inscrivons nos événements quotidiens, dévoilons sur Facebook notre dernière photo amusante et celle de nos amis. Ce type de comportement se glisse également dans le monde réel et pas seulement dans le monde virtuel. Peu de gens écoutent attentivement, mais beaucoup parlent abondamment, souvent d'eux-mêmes. La plupart se soucient davantage de leur bonheur que de celui des autres. Ils essaient de monter dans la hiérarchie professionnelle ou sociale, de s'approprier égoïstement les bienfaits qu'ils estiment que Dieu leur doit. Nous sommes une génération centrée sur elle-même. De façon consciente ou inconsciente, nous passons beaucoup de temps à nous glorifier nous-mêmes et peu de temps à glorifier le Seigneur. Cette façon de vivre est fortement inspirée du péché. Le drame est que ces choses sont tellement énormes qu'on ne les voit même plus. Beaucoup d'entre nous doivent se repentir de leur narcissisme et prendre des mesures énergiques pour le combattre avec la puissance du Saint-Esprit.

L'amour du sport et des choses triviales. Ce point découle du précédent. Lorsque nous ne réactualisons pas notre page Facebook et que nous ne focalisons pas, avec une détermination tenace, notre attention sur notre petite existence, nous sommes nombreux à nous occuper de choses insignifiantes. Cela va à l'encontre de ce que Paul enseigne dans Romains 12.1,2 :

> Je vous exhorte donc, frères, par les compassions de Dieu, à offrir vos corps comme un sacrifice vivant, saint, agréable à Dieu, ce qui sera de votre part un culte raisonnable. Ne vous conformez pas au siècle présent, mais soyez transformés par le renouvellement de l'intelligence, afin que vous discerniez quelle est la volonté de Dieu, ce qui est bon, agréable et parfait.

L'apôtre nous exhorte à rechercher le « renouvellement » de notre intelligence, ce qui se produit lorsque l'on fixe son attention sur Dieu et sa grandeur. Comme le déclare John Piper à la suite de Jonathan Edwards, dans son livre intitulé *Prendre plaisir en Dieu*, nous avons été créés pour adorer Dieu et trouver notre plaisir en lui, pour admirer sa splendeur, pour nous délecter de ses compassions, pour apprécier ses bontés. Ce sont là des idées de poids, des réalités qui transforment l'être humain.

La majeure partie des choses auxquelles beaucoup attachent de l'importance n'ont pas de poids et ne possèdent pas la faculté de transformer. Il s'agit essentiellement de choses insignifiantes et creuses. À titre d'exemple, combien de personnes consacrent des heures au sport ? Ils assistent à des matchs, sont joueurs eux-mêmes, jouent devant des Xbox ou des Wii, s'adressent personnellement aux joueurs, lisent des livres qui leur sont consacrés, font des commentaires sur le Net, suivent les résultats sur le Web, se voient en joueurs, rêvent de leurs idoles en classe ou au travail, etc. Beaucoup de gens sont accros au sport. La culture favorise cette obsession. La tension et le spectacle d'un événement sportif, même banal, surpassent souvent ceux de n'importe quel autre passe-temps terrestre. Ne soyons pas surpris si tant d'hommes ont du mal à s'intéresser à l'Église.

Franchement, c'est ridicule. Combien d'hommes négligent leurs enfants, méprisent les Églises, compromettent leur travail ou leurs études à cause des événements sportifs ? Ce ne sont pourtant que des jeux et non une question de vie ou de mort. Ils sont superflus. Y a-t-il du mal à jouer ? Non, pas du tout. Peu de choses me font autant plaisir que la retransmission d'un bon match de basketball. Cependant, j'essaie de me rappeler (ce que je dois faire intentionnellement en ma qualité d'homme moderne) que le sport ne revêt en lui-même que peu d'importance. Ma femme, ma fille, mon Église, mon travail, mes études, mes amis, tout cela compte beaucoup plus. Et par-dessus tout, il y a Dieu qui compte suprêmement. Parmi les autres sujets importants, il y a la cause de l'Évangile, des êtres humains perdus qui meurent autour de moi, des chrétiens qui ignorent les fondements de leur foi, un monde brisé. Si ma vie ne reflète pas ces vérités, et si la vôtre ne le fait pas non plus, nous péchons grandement. Nous avons besoin de nous repentir, de compter sur la grâce de Dieu pour nous opposer à la culture moderne, nous faire comprendre que tous ces à-côtés nuisent à notre piété, et pour vivre selon la sagesse des Écritures.

Il en va de même pour d'autres activités. Passons-nous des heures entières à faire du magasinage ? Sommes-nous fascinés par la mode des vedettes ? Nous soucions-nous plus de la culture pop que des progrès de l'Évangile ? Consacrons-nous trop de temps à notre apparence ? Voilà des domaines dans lesquels beaucoup d'entre nous feraient bien d'ouvrir les yeux, car ces choses réclament trop de notre attention et de notre engagement. Beaucoup de jeunes femmes sont tentées par ces distractions. Elles sont tentées de se préoccuper beaucoup plus de leur poids que de leur âme, de passer beaucoup plus de temps à des bavardages futiles et à des conversations stupides qu'à édifier les autres. Elles sont tentées d'adopter un style de vie non biblique, de poursuivre égoïstement une carrière mondaine et de rechercher leurs aises, au lieu de consacrer leur vie aux autres au nom de Christ. Beaucoup de jeunes femmes consacrent certes moins de temps au sport que les hommes, mais des tentations d'un autre genre les incitent à mener une existence insignifiante.

L'amour du sexe. L'apôtre Paul savait que la vie dans un monde pécheur comporte de fortes tentations sexuelles. Il aborde cette question dans la lettre aux Romains et déclare : « Que le péché ne règne donc point dans votre corps mortel, et n'obéissez pas à ses convoitises. Ne livrez pas vos membres au péché, comme des instruments d'iniquité ; mais donnez-vous vous-mêmes à Dieu, comme étant vivants de morts que vous étiez, et offrez à Dieu vos membres, comme des instruments de justice » (Ro 6.12,13).

Peu de choses ont changé au cours des deux mille ans écoulés. Le corps continue d'exercer son emprise pour nous faire obéir « à ses convoitises ». Le sexe dirige puissamment le monde dans lequel nous vivons. On peut dire que pour beaucoup de gens, il constitue l'attrait essentiel de la vie. On ne caractérise plus les étapes de la vie par des comportements vertueux, mais par l'activité sexuelle. Nous sommes dans une société orientée vers le sexe.

Les chrétiens sont exhortés à honorer le Seigneur par leur vie corporelle, mais beaucoup luttent intensément pour y arriver. Aujourd'hui, d'innombrables jeunes chrétiens ont déjà succombé au péché sexuel. J'ai entendu plusieurs théologiens affirmer que, de nos jours, la pornographie était très répandue parmi les jeunes hommes. De nombreuses jeunes femmes luttent également contre ce fléau, aussi bien dans leurs pensées que dans leur corps. Comme on considère qu'il est normal aujourd'hui d'avoir des relations intimes de quelque sorte que ce soit dès l'âge de douze ans, beaucoup de jeunes gens arrivent au mariage en ayant perdu leur virginité. Le cas touche de nombreux chrétiens de nom. Beaucoup de ceux qui ne se sont pas laissé entraîner dans ces péchés mènent un combat ardu pour faire confiance au Seigneur et à son calendrier concernant les relations sexuelles. Beaucoup de jeunes filles considèrent les relations sexuelles précoces comme une sorte de but ultime (une idée insinuée par la culture pop contemporaine). Un certain nombre de jeunes hommes ont un point de vue opposé et tardent à assumer leurs responsabilités viriles, s'exposant ainsi aux tentations mentionnées plus haut. La situation est désastreuse.

Il y aurait beaucoup de choses à dire pour sortir de cet état de choses. Contentons-nous, pour l'instant, de suggérer aux chrétiens tombés dans ces pièges et qui luttent pour s'en sortir de reconnaître leur péché, de s'en repentir devant le Seigneur, et de chercher l'aide de l'Église et de leurs amis dans leurs efforts pour tendre vers la sainteté. La sexualité est un don de Dieu, mais notre siècle en a fait un dieu. Quelle que soit la situation dans laquelle nous nous trouvons, portons un regard juste sur Dieu et sur ses présents.

Reconnaissez que l'Église est le bastion de la sanctification

Aux yeux des rédacteurs du Nouveau Testament, l'Église locale, si ordinaire qu'elle puisse paraître, est l'œuvre fondamentale de Dieu sur la terre. Elle est le centre de son royaume, le bastion de son Évangile, la principale manifestation de sa gloire. Elle est le laboratoire de la sanctification, l'entité que nous devons aimer, servir, édifier, pour laquelle nous devons prier et au service de laquelle nous devons nous engager, car c'est là que Dieu envoie sa bénédiction. Elle nous rappelle nos responsabilités grâce à la discipline ecclésiastique (Mt 18.15-20 ; 1 Co 5.1-5, 9-13), elle est la gardienne de la Sainte Cène et du baptême (1 Co 10 ; Mt 28.16-20 ; Ac 2.38), et elle compte sur notre présence assidue et notre service régulier (Hé 10.25).

Ce rappel revêt une grande importance à la lumière de ce qui vient d'être dit dans la section précédente. Nous avons tous bénéficié de l'aide de groupes paraecclésiastiques et d'amis chrétiens. Nous avons cependant tous besoin de l'Église locale. C'est là que nous trouvons toutes les ressources nécessaires pour aimer Dieu dans un monde dominé par le péché ; nous y trouvons l'exhortation, les encouragements, les réprimandes, les occasions de servir, le bonheur, l'édification et bien d'autres choses encore. Elle est particulièrement destinée et apte à nous faire grandir dans la foi, à détacher notre regard de nous-mêmes pour voir les besoins de ceux qui vivent autour de nous et la gloire du Seigneur de l'Église. L'Église locale n'a pas pour vocation de nous ennuyer et de nous faire mener une vie rabougrie ; elle est au contraire là pour notre croissance spirituelle, pour nous mettre en contact avec d'autres croyants, pour nous responsabiliser et faire que l'on s'entraide, pour nous communiquer une vision transformatrice d'un Seigneur puissant qui opère une œuvre cosmique de délivrance et de salut.

L'Église peut ne pas paraître passionnante vue de l'extérieur, ses bancs sont peut-être inconfortables, elle dégage peut-être une odeur de vieux, et certaines des personnes qui la fréquentent n'ont peut-être pas une grande connaissance de la culture ambiante. Cependant, de même que nous ne devons pas juger un livre à sa couverture, nous ne devons pas non plus juger une Église à ses bancs. Toute Église locale qui prêche le véritable Évangile s'inscrit dans le plus puissant courant dynamique au monde. En vertu de la puissance de Dieu qui agit dans le cœur des hommes, les humbles sont élevés, les faibles sont forts, et la petite graine de foi fait chanceler une montagne (Mt 17.20). L'Église locale n'est pas une équipe de joueurs réservistes, elle constitue le fondement sur lequel le royaume de Dieu est posé. Adhérez-y, servez-la, aimez-la, et découvrez le bonheur qui découle de l'engagement pour la cause de l'Évangile, une cause qui transcende toutes les autres.

Rappelez-vous que le dur labeur de la sanctification exige des actions décisives, mais qu'il s'oppose à toute classification simpliste

Beaucoup d'entre nous ont gobé la mode postmoderne de notre culture, à savoir le refus de toute autorité, de toute discipline et de tout effort. Aujourd'hui, on se vante d'être « fidèles à soi-même ». C'est une idée très subtile à laquelle le chrétien se heurte, car si le « vrai moi » porte l'image de Dieu et la marque de sa conversion, il est également inséparable du péché (Ro 3.10-18). Par ailleurs, s'il est juste de rejeter un christianisme basé sur l'apparence, les auteurs bibliques ne préconisent cependant pas l'attitude d'apitoiement. Ils connaissent la profondeur de leur péché, au point que l'apôtre Paul se

qualifie de « premier » des pécheurs dans 1 Timothée 1.15 ;
ils connaissent aussi la puissance de Dieu en eux. Ils savent
que le pouvoir de l'Esprit qui habite en eux est bien supérieur
à celui du péché en eux. Comme David après la mort de son
fils, ils connaissent le pouvoir purificateur de Dieu, et savent
se relever une fois de plus de leur défaite pour se mettre tout à
nouveau au service du Seigneur. Il doit en être constamment
ainsi de nous : humiliés par notre perversité, relevés par la
justice de Dieu.

Avec ce besoin de discipline constamment à l'esprit,
nous devons sans cesse nous rappeler que la sainteté ne se
réduit pas *simplement* à certains comportements. Elle procède de l'Évangile, et une vie de sainteté le fait progresser.
L'incarnation du christianisme authentique passe par une
saine réflexion et un sage discernement qui s'enracinent dans
l'Évangile. Imprégnons à satiété notre esprit et notre cœur
des richesses de la théologie biblique de telle manière que
nos pensées et nos actions reposent sur un fondement profondément scripturaire. Soyons constamment baignés dans
la Parole. Prions ardemment et régulièrement en demandant à Dieu de nous donner la sagesse pour bien mener
notre vie quotidienne et mettre à mort nos péchés tenaces.
Opposons continuellement l'Évangile à nos faiblesses et à nos
péchés particuliers.

Conclusion : tellement plus qu'une liste de commandements et d'interdictions ou un état d'âme

En nous efforçant de mener une vie juste devant Dieu, nous
devons adhérer à l'Évangile et compter sur la puissance du
Saint-Esprit en nous. Dieu vit en nous. Il fait toutes choses
nouvelles, comme l'affirme Paul dans 2 Corinthiens 5.17 : « Si

quelqu'un est en Christ, il est une nouvelle création. Les choses anciennes sont passées ; voici, toutes choses sont devenues nouvelles. » Cette pensée s'accorde admirablement avec celle d'Hébreux 12.1,2 :

> Nous donc aussi, puisque nous sommes environnés d'une si grande nuée de témoins, rejetons tout fardeau, et le péché qui nous enveloppe si facilement, et courons avec persévérance dans la carrière qui nous est ouverte, ayant les regards sur Jésus, qui suscite la foi et la mène à la perfection ; en échange de la joie qui lui était réservée, il a souffert la croix, méprisé l'ignominie, et s'est assis à la droite du trône de Dieu.

Confrontés à notre péché indéracinable, il nous faut regarder à Christ et nous rappeler l'œuvre de Dieu comme la réalité centrale dans notre vie. Après tout, la sanctification n'est pas un état d'âme ni un code. Elle est l'œuvre dynamique de l'Évangile dans la vie de tout croyant. Ce processus de conformité à Dieu ne s'épanouit pas lorsque nous changeons quelques attitudes mineures ici et modifions notre comportement là, mais lorsque nous sommes fascinés par Dieu et que Christ, « qui suscite la foi et la mène à la perfection », apparaît à nos yeux magnifique dans sa sainteté, redoutable dans sa splendeur, ferme dans son amour.

Pour approfondir le sujet

ANYABWILE, Thabiti, *What Is a Healthy Church Member?*, Wheaton, Ill., Crossway, 2008.

BRIDGES, Jerry, *The Discipline of Grace: God's Role and Our Role in the Pursuit of Holiness*, Colorado Springs, NavPress, 2006.

RYLE, J. C., *Holiness: Its Nature, Hindrances, Difficulties, and Roots*, Darlington, R.-U., Evangelical Press, 1979.

STRACHAN, Owen, Douglas Sweeney, *Jonathan Edwards on the Good Life*, Chicago, Moody, 2010.

CHAPITRE 7

Le royaume

LE CIEL APRÈS LA TERRE, LE CIEL SUR TERRE OU UNE RÉALITÉ RADICALEMENT DIFFÉRENTE ?

RUSSEL MOORE

Y a-t-il un cri plus obsédant que celui d'un enfant qui se lamente du fond d'un trou qui va recevoir un cercueil ?

Les Américains se souviennent de Marcus Garvey comme de l'un des précurseurs du mouvement en faveur des droits de la personne aux États-Unis. Il a conduit des millions d'Afro-Américains à protester contre l'image de l'infériorité des Noirs, accentuée par les lois de l'ère Jim Crow. Pourtant, le mouvement initié par Garvey n'est jamais devenu semblable à celui lancé plus tard par des personnages comme Rosa Parks et Martin Luther King. Cela s'explique en partie parce que, contrairement à la « beloved community » (communauté bien-aimée) imaginée par Martin Luther King et le Mouvement des droits civiques au milieu du XXe siècle, Garvey prônait une sorte de séparatisme et d'autosuffisance qui adopta des positions de plus en plus extrêmes au fil de sa croisade en faveur de la justice.

Les historiens disent que c'est au bord d'une tombe fraîchement creusée que Garvey apprit l'autosuffisance qui allait inspirer la philosophie de sa vie. Le père de Garvey exerçait le métier de maçon ; parmi ses responsabilités figurait celle de creuser des tombes. L'histoire raconte qu'un jour, le père prit le jeune Garvey, le déposa au fond du trou qu'il venait de creuser, retira l'échelle et laissa l'enfant seul. Marcus eut beau crier, son père ne réagit pas.

L'action du père était manifestement excessive, mais il pensait enseigner ainsi à son fils une leçon pour la vie. Le vieil homme avait été esclave et il voulait que son fils apprenne la dure leçon qui consistait à se frayer un chemin dans la cruauté de ce monde, à ne compter que sur soi-même. Le petit garçon retint la leçon, qui l'accompagna toute sa vie. Devenu adulte, Marcus prêcha pratiquement un évangile de responsabilité et d'autosuffisance individuelles[1].

En lisant cette histoire, la plupart d'entre nous peuvent s'identifier à l'enfant et ressentir le traumatisme psychique du garçon abandonné seul au fond de la tombe, appelant désespérément au secours un père qui ne répond pas. Nous nous imaginons en train de nous agripper à l'argile qui nous entoure, de tâter de tout côté à la recherche d'une échelle inexistante. Nous ne nous sommes probablement jamais retrouvés dans cette situation concrète. Ou est-ce bien le cas ?

L'Évangile de Jésus-Christ affirme que tous, à un moment ou à un autre de leur vie, ont vécu dans la servitude « par crainte de la mort » (Hé 2.15). Nous sommes nés dans un

---

1. Cette anecdote fait partie d'un documentaire historique oral sur Garvey, rapporté par la chaîne télé PBS, dans la série *American Experience*. On peut retrouver sa transcription sur < http ://www.pbs.org/wgbh/amex/garvey/filmmore/pt.html > (page consultée le 15 mars 2018).

monde coupé de sa communion avec son Père, un monde condamné qui attend d'être enterré. L'Écriture nous enseigne que, livrés à nous-mêmes, nous tirons de mauvaises leçons de toute cette horreur. Nous arrêtons de crier de tristesse et commençons à vociférer plus férocement, ou bien nous nous asseyons sur le sol terreux et le considérons comme notre demeure.

À l'opposé de tout cela, l'Évangile nous appelle à tourner le dos à l'autosuffisance, c'est-à-dire à la suffisance du moi, et même au « moi » tout court, pour nous orienter vers une réalité toute nouvelle : le royaume de Christ. Il arrive parfois que même ceux qui ont suivi Christ pendant de nombreuses et longues années trouvent le message du royaume difficile à capter. Nous pensons quelquefois que le mot *royaume* n'est qu'une métaphore indiquant que nous sommes sauvés ou communiquant le programme d'une certaine confession religieuse, voire d'une croisade politique.

Cela s'explique en partie par notre contexte. La plupart des Occidentaux n'ont vu que des parodies de rois, de couronnes et de royaumes, mais ils n'ont jamais vu quoi que ce soit qui s'approche de la réalité. On remplit alors le vide du langage par du bavardage concernant le prince de Galles ou la reine qui a fréquenté le lycée local ; on diffuse de la publicité au sujet du « roi de la bière » ou de « la reine des bars laitiers ».

Or, la Bible que nous croyons, et en particulier l'Évangile que nous prêchons, nous ramène constamment au message du royaume, répété dans l'Ancien et le Nouveau Testament, ainsi qu'à chaque génération de l'Église depuis. La mission de Christ ne commence pas et ne s'achève pas simplement par l'annonce du pardon des péchés et la suppression de la condamnation, même si ces deux œuvres sont vraies et essentielles. Sa mission débute et se termine par la proclamation selon laquelle Dieu a élevé Jésus au statut d'Empereur de l'univers et il projette d'adapter l'univers au calendrier de Jésus, et non l'inverse.

L'effondrement du royaume

Le monde autour de nous semble constituer une bien belle preuve que l'Évangile n'est pas vrai. Si nous sommes réellement honnêtes envers nous-mêmes, ne devons-nous pas admettre que l'univers est tout à fait conforme à la vision que les darwinistes et les nihilistes en présentent, c'est-à-dire une machine sanglante dans laquelle la réalité ultime est le pouvoir et non la bonté ou la beauté ? Cependant, l'Évangile n'esquive pas cette question.

La lettre aux Hébreux cite un passage des Psaumes qui insiste sur une vérité biblique : Dieu a créé les êtres humains pour qu'ils exercent la domination sur tout ce qui existe :

> Tu l'as couronné de gloire et d'honneur, tu as mis toutes choses sous ses pieds (Hé 2.7,8).

Ce chant répète ce que le récit de la Genèse nous apprend depuis le commencement de la création. Dieu confère à l'homme et à la femme la domination « sur les poissons de la mer, sur les oiseaux du ciel, sur le bétail, sur toute la terre, et sur tous les reptiles qui rampent sur la terre » (Ge 1.26). Dieu prend cette initiative parce que l'homme et la femme le représenteront, porteurs de son image et gérants de l'univers qu'il a créé pour eux (Ge 1.27). La lettre aux Hébreux souligne un point difficile concernant ce passage de la Bible.

Il n'est pas vrai.

L'auteur de la lettre montre ce qui aurait dû être évident, que nous prêtions foi au récit biblique de la création ou non : nous n'exerçons pas la domination sur l'univers qui nous environne. L'Esprit le reconnaît : « Cependant, nous ne voyons pas encore maintenant que toutes choses lui soient soumises » (Hé 2.8). Nous le constatons partout, depuis les forces naturelles qui privent progressivement nos cheveux de leur couleur initiale jusqu'aux bactéries qui font que notre corps se putréfie dans le cercueil. L'univers nous ballotte frénétiquement et finit par nous tuer dans tous les cas. Nous ne sommes pas les rois et les reines du monde.

Cependant, nous avons tort de penser que notre condition actuelle, où nous sommes dépouillés de la royauté, est normale. Nous ressemblons à des historiens qui contemplent les ruines d'une synagogue de Vienne à l'époque nazie et qui concluent que les Juifs d'Europe devaient être de grands sympathisants de Hitler et dégoûtés d'eux-mêmes, à en juger d'après le nombre de croix gammées peintes sur les murs. Avant de pouvoir nous prononcer sur ce qui est arrivé à cette synagogue, nous devons distinguer sa structure originale des graffitis haineux laissés par ses ennemis. Il en est de même pour l'univers.

L'Écriture nous enseigne que l'humanité abandonne très tôt la domination de l'univers à un envahisseur, en l'occurrence Satan. Même ceux qui n'ont jamais eu la moindre parcelle de connaissance de la révélation biblique sont conscients de cette présence et ils tremblent. Par son discours rusé, cet être persuade nos premiers parents de se joindre à son insurrection contre le Créateur, pour en faire des « dieux » comme lui (Ge 3.5).

L'homme et la femme remettent leur royaume à cet animal rampant sur lequel ils devaient dominer. Le roi et la reine de l'univers découvrent alors le règne chaotique et meurtrier de Satan qui remplace le règne de Dieu, marqué par l'ordre et l'amour. Leur communion avec Dieu, l'un avec l'autre,

avec leur future descendance et avec la création est brisée
(Ge 3.14-19). Au lieu de s'associer à Dieu dans son règne, ils
prennent le parti de Satan dans sa révolte, commettent le
péché qui appelle le jugement de Dieu et se révèlent incapables
de se conformer à l'amour de Dieu. Nos premiers ancêtres
deviennent désormais ceux à qui est réservé comme juste héritage « le feu éternel qui a été préparé pour le diable et pour ses
anges » (Mt 25.41 ; voir aussi Ap 20.10).

Les puissances sataniques (celles d'accusation et de mort)
s'étendent désormais sur toute l'humanité. Dieu éloigne alors
l'homme et la femme de l'arbre de vie qui devait contribuer à
l'expansion de leur royaume (Ge 3.24) ; leur exil les condamne
à connaître le dépérissement dans le jugement de la mort.

La création qui devait discerner l'image de Dieu dans son
roi et sa reine se révolte alors contre l'humanité. Comme Paul
le déclare, la création est livrée à « la servitude de la corruption » (Ro 8.21) et « jusqu'à ce jour, la création tout entière sou-
pire et souffre les douleurs de l'enfantement » (v. 22), attendant
« avec un ardent désir la révélation des fils de Dieu » (v. 19).

Ainsi, depuis cette catastrophe et dans toutes les générations, les êtres humains sont dominés par « le prince de la
puissance de l'air » (Ép 2.2) qui nous conduit par nos envies
irrésistibles et par son pouvoir à nous séduire (2 Co 4.4) et à
nous accuser (Ap 12.10).

Dès le début, cependant, le Dieu créateur avertit le serpent
que son agression aura un terme. C'est ainsi que Dieu suscite
un nouveau peuple, un royaume de sacrificateurs instruits
dans la justice par la Parole. Par ce peuple, il promet d'instaurer un règne glorieux qui rétablira l'harmonie et la paix entre
l'humanité, la nature et Dieu.

Dieu établit une lignée de rois sur son peuple d'Israël en
déclarant que le royaume subsistera ou s'écroulera selon que

le roi fera preuve de sagesse, de puissance et de droiture par l'onction de l'Esprit (De 17.14-20). Ce royaume s'est écroulé. Complètement. De nombreuses fois. L'avant-poste israélite du royaume de Dieu a été déchiré en petits lambeaux. La chute du royaume a laissé des débris tout au long de l'histoire.

Cependant, il ne s'agit pas simplement de l'histoire de l'ancien peuple d'Israël. C'est également votre histoire et la mienne. L'Écriture nous fait connaître finalement où mène la disparition de la royauté : à la rébellion morale. Le livre des Juges ne cesse de le répéter : « En ce temps-là, il n'y avait point de roi en Israël. Chacun faisait ce qui lui semblait bon » (Jg 21.25).

Le règne de Dieu en Adam s'est brisé lors de la rébellion dans le jardin d'Éden. Il continue de s'effondrer autour de nous en ce moment même où le règne de Satan reprend l'offensive. Si nous sommes en Christ, le règne de Satan doit disparaître dans notre propre vie, au fur et à mesure que nous abandonnons nos fiefs, avant la venue du règne de Jésus.

Cela dit, le christianisme évangélique s'adresse à la culture contemporaine en soulignant ce que chacun sait intuitivement, à savoir que quelque chose ne tourne pas rond. Même l'athée le plus endurci et le plus véhément dit quelque chose de profondément juste (en se servant d'arguments faussés et mal orientés) lorsqu'il affirme que la souffrance et le mal sont incompatibles avec la bonté de Dieu. C'est pourquoi le christianisme évangélique (c'est-à-dire centré sur l'Évangile) enseigne aux gens à *soupirer* dans ce monde de divorces, de cliniques d'interruption de grossesse, de chambres de torture et de salles de cancéreux en fin de vie.

Par conséquent, l'accent que le christianisme évangélique met sur le royaume consiste à nous révéler ce qui ne va pas dans le régime actuel. Plus nous nous développons en Christ, plus nous sommes mécontents et insatisfaits des « royaumes de ce monde » que nous offre leur prince, alors que nous percevons déjà la gloire du royaume nouveau qui fait irruption en Christ.

La restauration du royaume

Les révolutions terrestres ne sont jamais aussi révolutionnaires qu'on pourrait le souhaiter. Le royaume de Jésus, quant à lui, répond parfaitement à tous les espoirs, à l'opposé de toute vision utopique ou contre-culturelle que l'on peut imaginer. L'Évangile est une bonne nouvelle qui concerne l'annonce de l'établissement d'un royaume et la manière d'y entrer par la foi en la personne du Roi. Cela commence par la joyeuse déclaration que l'ordre ancien (aussi bien la Rome impériale que le Moi impérial) a été renversé.

Lorsque Jésus se lève pour prêcher dans la synagogue aux habitants de sa ville, il déclare que le royaume est apparu, que le jour du Seigneur est arrivé (Lu 4.16-30). Son sermon provoque une émeute au cours de laquelle ses concitoyens créent une Via Dolorosa trois ans avant la croix, lorsqu'ils le poussent vers le sommet de la montagne pour le précipiter dans le vide. Pourquoi ? Les auditeurs de Jésus ont compris qu'il faisait preuve de folie et de mégalomanie en liant l'établissement de l'ordre nouveau à sa propre personne.

Jésus ne fait cependant pas marche arrière. Partout où il va, il annonce que le royaume s'est mis en branle et il le démontre en inversant le cours de la malédiction sous toutes ses formes là où il passe. Les esprits mauvais, l'ordre naturel et la décomposition biologique laissent Jésus imperturbable et cèdent au son de sa voix. Pourquoi ? Il l'explique lui-même : « […] si c'est par l'Esprit de Dieu que je chasse les démons, le royaume de Dieu est donc venu vers vous » (Mt 12.28). Jésus triomphe des puissances mauvaises parce qu'étant sans péché, il échappe aux accusations de Satan (Jn 14.30).

En tant que Roi, Jésus rétablit la domination humaine sur les ordres angélique et naturel. Il démontre ce que signifie être authentiquement humain ; il se conduit en maître sage, dominant ses propres appétits grâce à une volonté, des affections et une conscience soumises aux directives de son Père et non à celles de Satan. Il traverse la souffrance humaine, la tentation et finalement la malédiction de la mort elle-même, devenant la cible du courroux divin, afin d'arracher l'humanité de la main de l'Accusateur.

Imaginez la scène suivante. Un criminel du Moyen-Orient, condamné à être crucifié, s'adresse à celui qui, sur la croix voisine de la sienne, est sur le point de rendre l'âme. Alors que du sang s'échappe de sa bouche, il lui parle dans une langue que vous ne comprenez pas. Je suis sûr que sa voix trahit le désespoir et même la hantise ; elle résume pourtant l'Évangile : « Souviens-toi de moi, quand tu viendras dans ton règne » (Lu 23.42). Le brigand sait « que les injustes n'hériteront point le royaume de Dieu » (1 Co 6.9) et que la condamnation qui le frappe est juste et méritée (Lu 23.41). En regardant Jésus, il discerne le Roi légitime du monde qui souffre à la place de l'humanité, et il place tous ses espoirs de miséricorde et de rédemption sur ce Roi des Juifs.

C'est d'ailleurs ainsi que Jésus explique le royaume à Nicodème, le pharisien. L'ordre ancien de la chair et du sang reste sous la condamnation et Jésus précise que « si un homme ne naît de nouveau, il ne peut voir le royaume de Dieu » (Jn 3.3). Le royaume ne comprend pas l'ancien ordre de la chair et du sang, mais tous ceux qui ont été recréés par l'Esprit (Jn 3.5-8), qui ont vu en Jésus un sacrifice pour le péché (Jn 3.14,15) et ont confié leur jugement futur à la miséricorde trouvée en Jésus-Christ (Jn 3.16-21).

Le royaume de Jésus accomplit toutes les promesses de Dieu au peuple d'Israël. Jésus et les apôtres reprennent le langage concernant Israël, notamment les images de temple, de vigne, de berger, de lumière des nations et ainsi de suite, et l'appliquent d'abord à Jésus puis à tous ceux qui sont en lui. La promesse divine d'un royaume pour Israël (qui écrasera tous ses ennemis sous ses pieds) se réalise lorsque Dieu accomplit ce qu'il a promis en ressuscitant Israël d'entre les morts et en le scellant de son Esprit (Éz 37.13,14). Par son enseignement, ses récits, ses illustrations, ses réprimandes et ses encouragements, Jésus prépare son peuple en vue de la vie dans ce nouveau royaume. Ensuite, il l'inaugure en tant que « premier-né d'entre les morts », comme « prémices » du nouveau projet divin de création.

Les plus proches disciples de Jésus ne comprennent pas tout de suite à quoi ressemblera le royaume. Lorsqu'il leur explique qu'il englobera toutes les nations, ils n'imaginent pas encore la Pentecôte. Surtout, ils ne peuvent comprendre l'un des mystères les plus troublants du royaume : il ne vient pas tout d'un coup.

Justin, un prédicateur chrétien du IIe siècle, développe ce même concept dans ses entretiens avec un Juif du nom de Tryphon : le royaume de Jésus s'établit en deux étapes. La clé du royaume « déjà » là et de ce qui n'est « pas encore » ne réside pas dans un code secret de la Bible. Il s'agit du mystère de l'Église. Dans la lettre aux Hébreux, nous contemplons Jésus « couronné de gloire et d'honneur » (2.7). Ce n'est cependant pas en regardant le ciel étoilé ou en examinant les fossiles que nous apercevons cette gloire. Nous la découvrons par la proclamation de l'Évangile et par le bruissement invisible de l'Esprit (Jn 3.8). Dieu élève Jésus, lui confère la royauté, mais Jésus ne règne pas encore sur tout l'univers.

Il s'ensuit que nous voyons le royaume non là où la plupart espèrent le trouver, à savoir dans le tourbillon et le faste des grandes campagnes politiques ni dans la splendeur et la gloire des grands mouvements. Nous le trouvons là où, comme nos ancêtres apostoliques, nous sommes le moins enclins à imaginer une réalité aussi majestueuse qu'un règne messianique : dans l'Église locale.

Comme ils le font à propos du langage concernant le *royaume*, les chrétiens évangéliques sont souvent tentés d'utiliser un langage abstrait et idéaliste pour l'*Église*. On en parle parfois comme si le vocable *Église* était synonyme de « rassemblement de tous ceux qui ont Jésus dans leur cœur ». Ce n'est cependant pas le cas. Les Écritures présentent l'Église comme le rassemblement immense et majestueux de tout le peuple de Dieu en Christ, aussi bien ceux qui sont dans les lieux célestes que tous ceux qui sont dispersés sur la surface de la Terre ; ils forment un corps avec un Esprit. Cette Église se manifeste toutefois sous la forme d'Églises locales particulières.

L'Église d'Éphèse (ou n'importe quelle autre mentionnée dans la Bible) n'était pas un lieu de grande spiritualité. Les personnes qui se retrouvaient là devaient ressembler étrangement à celles qui sont assises près de vous le dimanche matin. Tous n'accordaient pas toujours les verbes avec leurs sujets. Il devait bien y avoir de temps en temps des querelles pour savoir qui devait préparer les éléments de la Cène ou parce que la personne chargée de faire les annonces avait oublié de préciser qu'il y aurait une collecte spéciale pour aider sœur Eunice à payer ses impôts.

Le royaume était pourtant là, et Jésus, le Roi, également. Il est d'ailleurs présent dans toute assemblée réunie en son nom

(Mt 18.15 - 20 ; 1 Co 5.4). L'Église locale est un avant-poste du royaume à venir. L'existence même de l'Église est un signe du royaume. Pour Paul, ce rassemblement de pécheurs réconciliés avec Dieu et les uns avec les autres fait connaître aujourd'hui « [aux] dominations et [aux] autorités dans les lieux célestes […] la sagesse infiniment variée de Dieu » (Ép 3.10). Votre Église a peut-être du mal à boucler son budget, et vous ne vous accordez peut-être pas sur le recueil à utiliser pour louer le Seigneur pendant le culte, mais votre simple présence dit aux démons : « Votre crâne sera bientôt fracassé » (voir Ro 16.20).

L'avenir du royaume

Je suis presque sûr qu'attachés à un lit d'hôpital et ayant reçu une injection de sérum de vérité, beaucoup de chrétiens évangéliques, peut-être même vous, seraient obligés de reconnaître que le ciel leur semble un peu ennuyeux. Pourquoi ? Parce que notre vision du ciel, perçue dans notre prédication, dans notre façon de chanter et dans nos éloges funèbres est ennuyeuse. Nous concevons notre gloire future comme une répétition de chorale en milieu de semaine, mais une répétition sans fin. Même lorsque nous aurons chanté pendant dix mille ans, il nous restera une éternité devant nous pour chanter et contempler la lumière.

Or, ce n'est pas ce que nous avons en Jésus-Christ.

Certes, la Bible enseigne qu'immédiatement après la mort, ceux qui sont en Christ vont spirituellement au ciel, là où se trouve Jésus (2 Co 5.8 ; Ph 1.23). Notre but n'est toutefois pas de vivre en tant qu'esprits, mais en tant que personnes complètes à l'image de Dieu, avec un corps et une âme. C'est pourquoi nous confions, dans l'espérance, la dépouille de nos défunts à la terre, dans l'attente du jour où, comme une semence jetée en terre, cette substance morte sera de nouveau appelée à vivre, similaire au corps ressuscité de Jésus (1 Th 4.13 – 5.11 ; 1 Co 15.35-49).

Le royaume est donc décrit par des scènes courantes de la vie : un repas pris en famille autour de la table (És 25.6 ; Mt 8.11 ; Lu 22.18), des relations personnelles riches d'amour (1 Co 13.8-13), un travail passionnant puisque nous assisterons Jésus dans sa domination de l'univers (Mt 19.28,29 ; Ap 2.26,27). Il est évident que l'ensemble de ce que sera la vie dans le royaume nous est voilé parce que notre façon de comprendre, basée sur ce que nous connaissons ici-bas, n'est absolument pas en mesure de saisir « la gloire à venir qui sera révélée pour nous » (Ro 8.18). N'imaginons pas notre vie de ressuscité comme le couronnement de ce que nous étions auparavant. Le royaume de Dieu est vie, pas une vie « au-delà » ou une vie « après ».

Si le royaume est bien ce que Jésus en dit, cela signifie que ce qui compte n'est pas simplement ce que nous considérons comme spirituel. Le monde naturel ambiant n'est pas un environnement temporaire. Il fait partie de notre futur héritage en Christ. Les servantes sous-payées que nous côtoyons silencieusement dans le hall de l'hôtel ne sont pas de simples objets de notre générosité ; elles sont de potentielles reines de l'univers (Ja 2.5). Quel qu'il soit, notre emploi n'est pas fortuit. Les services que nous rendons dans notre Église locale ne procèdent pas du hasard. Dieu envisage notre vie, individuelle et communautaire, comme un stage en vue des choses de la fin. Par notre fidélité dans les petites choses, nous nous préparons à en gérer de plus importantes (Mt 25.14-23).

Tout cela tient au fait que le royaume est celui de Christ et qu'il répond au dessein divin de l'élever à la position suprême (Col 1.18). Pour faire partie du royaume, il faut « naître de nouveau » (Jn 3.3). Comme Jésus l'a déclaré sur les bords de la mer de Galilée, il faut le suivre.

Or, Jésus a mis les choses au clair en disant : « Tu ne peux pas maintenant me suivre où je vais, mais tu me suivras plus tard » (Jn 13.36). Il n'est pas question de filer tout droit vers la gloire, il faut d'abord se mettre derrière Jésus qui n'a pas été propulsé directement de la mangeoire de Bethléem au trône de la nouvelle Jérusalem. Il a appris « l'obéissance par les choses qu'il a souffertes » (Hé 5.8). En comptant sur l'Esprit et non sur ses yeux ou sur ses appétits, il a atteint la maturité et est devenu l'héritier humain légitime du royaume, ayant été « élevé à la perfection par les souffrances » (Hé 2.10).

Nous avons besoin, nous aussi, de croître « en sagesse, en stature, et en grâce, devant Dieu et devant les hommes » (Lu 2.52). Par notre vie dans l'Église, nous devons parvenir, même lentement « à l'état d'homme fait, à la mesure de la stature parfaite de Christ » (Ép 4.13). Nous aussi nous devons traverser le désert de la tentation et connaître l'agonie de la crucifixion, avant de retrouver Jésus au festin du premier-né (Ro 8.17). En supportant patiemment le mal dans un monde qui semble hanté par le démon et non gouverné par Dieu, nous devons apprendre à être des rois et des reines qui ne jugent « point sur l'apparence » (És 11.3), à marcher « par la foi et non par la vue » (2 Co 5.7).

Le christianisme évangélique a une perspective globale télescopique de l'avenir du royaume. Aucun aspect de la vie n'échappe à nos soins, parce que notre avenir ne se privera d'aucun aspect de la vie, hormis la mort, le péché et la malédiction. En même temps, le fait que le royaume est futur nous préserve de l'audace de penser que nous pouvons dès maintenant dominer le monde ou réparer tous les torts commis, et nous garde en même temps de tout désespoir (1 Co 4.8).

Chaque fois que nous prenons parti pour la justice, chaque fois que nous faisons la paix, chaque fois que nous supprimons les ravages de la malédiction, nous annonçons que le délabrement autour de nous n'est pas le royaume. Celui-ci sera infiniment mieux. Cependant, nous annonçons en même temps que le royaume est déjà pleinement présent lorsque nous voyons, par la vue et pas seulement par la foi, la manifestation de Christ. En attendant, il ne saurait y avoir de paix et de justice durables ici-bas, et on ne trouve même pas une « majorité morale » parmi nous.

Conclusion

Si le christianisme évangélique se centre sur quelque chose, ce devrait être sur l'Évangile, terme dont lui vient l'adjectif *évangélique*. Nous devons alors reconnaître que notre mission consiste à mettre en exergue ce que la Bonne Nouvelle a vraiment de bon. Nous ne sommes pas livrés à nos propres efforts et à notre emprise. Nous n'avons pas à vouloir être empereurs de notre propre vie ni de celle de notre entourage. Nous annonçons, au contraire, un royaume qui éclipse et écrase tout règne concurrent, y compris le nôtre.

Notre proclamation s'accorde donc avec celle de nos amis non chrétiens qui, comme nous, reconnaissent que quelque chose ne va pas dans l'état actuel des choses, même si nous pouvons leur dire qu'ils ne sont pas encore assez scandalisés par le monde tel qu'il est. Nous leur annonçons, et nous nous rappelons, la bonne nouvelle d'un royaume invisible actuellement au ciel, représenté au sein de nos petites Églises qui luttent tout en célébrant le royaume glorieux qui, un jour, apparaîtra avec éclat dans le ciel d'Orient.

Ce qui importe toutefois encore davantage, c'est que nous faisons connaître le Roi de ce royaume : celui qui nous a rejoints dans le trou de nos tombes, alors même que nous oscillions entre une autosuffisance endurcie et des appels au secours adressés au serpent notre père que nous avions décidé de suivre. Notre Frère, le Seigneur, a inauguré le royaume d'une manière que nous n'aurions jamais imaginée. Il a cessé de chercher une échelle et s'est adressé à son Père.

Et il a été entendu.

Pour approfondir le sujet

GOLDSWORTHY, Graeme, *Gospel and Kingdom: A Christian Interpretation of the Old Testament*, Carlisle, Paternoster, 1981.

HOEKEMA, Anthony A., *The Bible and the Future*, Grand Rapids, Eerdmans, 1979.

LADD, George Eldon, *The Gospel of the Kingdom: Scriptural Studies in the Kingdom of God*, Grand Rapids, Eerdmans, 1959.

CHAPITRE 8

Jésus-Christ

LE SEUL CHEMIN ET NOTRE SEULE ESPÉRANCE

TIM CHALLIES

Nous évoluons dans une culture pluraliste en matière de religion. Les religions coexistent généralement pacifiquement, ce qui est une bonne chose. Vivant à Toronto, une ville multiculturelle dont cinquante pour cent des habitants viennent d'un autre pays, je suis le témoin direct de cette diversité religieuse. En émigrant à Toronto, les gens y apportent leur propre religion. Le meilleur ami de mon fils à l'école est musulman, notre voisin de l'autre côté de la rue est bouddhiste, et un peu plus bas vit un hindou d'Afrique du Sud. On trouve des catholiques, des universalistes, des mormons à moins d'un jet de pierre de notre porte. En regardant attentivement, on peut même à la longue apercevoir un évangélique. Notre voisinage proche constitue un panthéon virtuel.

Si nous regrettons intérieurement ce pluralisme, souhaitant que tous les hommes soient sauvés et parviennent à la connaissance de Jésus-Christ, nous sommes reconnaissants pour les lois qui nous garantissent la liberté d'adorer notre

Sauveur. Nous ne sommes pas forcément d'accord avec les adeptes des autres confessions religieuses, mais si elles bénéficient de la liberté religieuse, nous aussi. Ce pluralisme religieux nous permet d'adorer Jésus-Christ dans la liberté et la paix, sans craindre l'ingérence ou la persécution. C'est un réel bienfait.

Un autre pluralisme

Ce qui précède correspond à une utilisation du mot *pluralisme*. Cependant, il existe une autre sorte de pluralisme qui touche également de près les chrétiens. D'après ce pluralisme, toutes les religions mènent à Dieu et au salut. C'est évidemment la négation de Jésus-Christ comme seul Sauveur du monde. En fin de compte, toutes les religions, y compris le christianisme, l'islam ou le bouddhisme, mèneraient à Dieu et procureraient les mêmes bienfaits à leurs adeptes.

Ce pluralisme-là s'oppose directement à ce que l'Écriture enseigne de la façon la plus claire, à savoir que Christ est le seul chemin menant au Père ; il est donc nécessaire de le rejeter sur-le-champ et sans scrupule. Si n'importe quel chemin ou si presque tous les chemins d'approche vers Dieu sont aussi valables les uns que les autres, pourquoi la Bible, depuis la Genèse jusqu'à l'Apocalypse, insiste-t-elle sur le monothéisme, rejette-t-elle toutes les formes d'idolâtrie et encourage-t-elle l'impulsion missionnaire pour que tous les peuples se tournent vers le vrai Dieu ? En outre, le pluralisme ne rend pas justice à la place privilégiée que la Bible accorde à Jésus-Christ. *Tout* genou fléchira devant lui ; il jugera *tous* les peuples. Le Dieu de la Bible, qui se révèle sous le nom Yahweh dans l'Ancien Testament et s'incarne en Jésus-Christ dans le Nouveau, n'est rien s'il n'est pas un Dieu universel qui ne tolère aucun rival.

Rejeter la personne et l'œuvre uniques de Jésus-Christ revient à tourner la Bible en dérision. Rejeter ses déclarations, c'est rejeter Dieu lui-même et le priver de la gloire qui lui appartient à juste titre. En fin de compte, cela équivaut à tourner le dos à la Bible et au Dieu de la Bible.

Une approche plus tentante

Si le pluralisme défini précédemment se situe en dehors de l'orthodoxie chrétienne, il existe cependant des évangéliques qui pensent que la grâce divine du salut ne se restreint pas à ceux qui font explicitement profession de foi en Christ. Certains « croyants » peuvent obtenir le salut en raison de leur foi en Dieu et de leur sincérité, ou en fonction de leur réaction à la lumière qui leur était accessible, même s'ils ne se sont jamais tournés vers Christ ou s'ils n'ont jamais entendu parler de lui. Ces « chrétiens anonymes » sont cependant sauvés par grâce par l'œuvre de Christ, sans avoir confessé leur foi dans sa personne et son œuvre.

Nous devons ici établir une distinction claire entre deux termes importants qui posent le décor de ce chapitre. L'*exclusivisme* affirme que Jésus-Christ est le seul Sauveur que le monde ne connaîtra jamais, et que pour être sauvé, il faut entendre le message de l'Évangile et y répondre en plaçant sa foi en Jésus-Christ. Même si les autres religions ont des éléments de vérité, seuls peuvent être sauvés ceux qui se tournent vers Christ dans la repentance et la foi. Tous les autres, qui portent les marques du péché originel et le poids de leurs propres péchés, seront punis en toute justice.

De l'autre côté, l'*inclusivisme* affirme que même si Christ est l'unique Sauveur du monde, il n'est pas nécessaire d'entendre l'Évangile et d'y croire pour être sauvé. Si l'exclusivisme et l'inclusivisme s'accordent pour reconnaître en Christ le seul Sauveur du monde, ils divergent néanmoins sur la nécessité de répondre à la révélation spéciale de Dieu en vue d'obtenir le salut. Les adeptes de l'inclusivisme estiment que la *meilleure* façon d'honorer Dieu est de recevoir les bienfaits de l'œuvre accomplie de Christ, mais que ce n'est pas la *seule*.

Il est facile de rejeter le pluralisme, mais l'inclusivisme mérite un examen plus attentif. L'attrait de ce courant réside moins dans sa cohérence apparente avec l'Écriture que dans sa capacité à répondre à certains des problèmes difficiles auxquels se heurtent les exclusivistes. Il propose des solutions satisfaisantes sur le plan émotionnel à des questions difficiles. Ceux qui n'ont jamais entendu l'Évangile peuvent-ils tout de même être sauvés ? Oui, affirment les partisans de l'inclusivisme. De braves gens qui ont passé toute leur vie dans de fausses religions, peuvent-ils être sauvés ? Ils répondent par l'affirmative. Dieu peut-il condamner une personne pour n'avoir pas placé sa foi en Christ, dont elle n'a jamais entendu parler ? Non, pas systématiquement. La doctrine inclusiviste propose même une explication à certaines exceptions dans la Bible, des personnes qui, pour quelque raison que ce soit, n'entrent pas dans le moule classique du croyant, comme Rahab, Corneille et d'autres. De ce point de vue, l'inclusivisme exerce un attrait immédiat supérieur à la rigueur supposée de l'exclusivisme. Cependant, s'il semble satisfaire les attentes émotionnelles, il ne tient pas à la lumière de l'Écriture.

Les arguments en faveur de l'exclusivisme

Il ne suffit pas d'affirmer de façon péremptoire que l'exclusivisme est la vérité (ce que je crois personnellement) ; il faut justifier cette affirmation d'après l'Écriture. Pour ce faire, nous allons considérer trois passages néotestamentaires qui déclarent tous que la foi en Christ est un préalable indispensable au salut. Il existe cependant aussi d'autres passages qui prêtent à controverse et alimentent les querelles entre l'exclusivisme et l'inclusivisme. Nous les examinerons à la fin du chapitre.

L'Évangile selon Jean

Il est de bon ton de commencer par le passage bien connu où Jésus prononce ces paroles précieuses : « Je suis le chemin, la vérité, et la vie. Nul ne vient au Père que par moi » (Jn 14.6). La question qui se pose est de savoir si l'expression « par moi » s'applique uniquement à l'œuvre de Christ ou à cette œuvre *et* à la foi en lui. Pour résoudre ce dilemme, il faut replacer ce verset dans le contexte de tout le livre de Jean. Jean écrit son Évangile tout particulièrement pour prouver que la foi en Christ est le remède donné par Dieu à ceux qui vivent dans le péché. L'apôtre n'écrit pas à l'intention de ceux qui n'ont pas été évangélisés ni à ceux qui n'ont jamais entendu le nom de Jésus. Il montre que tous les hommes sont sous la malédiction divine et que Christ est l'unique solution pour quiconque veut être sauvé. Dans Jean 20.30,31, il précise d'ailleurs le but qu'il poursuit dans cet Évangile : « Jésus a fait encore, en présence de ses disciples, beaucoup d'autres miracles, qui ne sont pas décrits dans ce livre. Mais ces choses ont été écrites afin que vous croyiez que Jésus est le Christ, le Fils de Dieu, et qu'en croyant vous ayez la vie en son nom. » Le but du livre est donc de faire connaître Jésus pour que les humains puissent croire en lui et trouver la vie.

Bien que le mot *foi* ne figure pas dans Jean 14.6, il est sous-entendu dans tout le passage (voir v. 1,10). Il est tout aussi important de souligner que le thème de « croire en Christ », de « placer sa confiance en lui » parcourt tout l'Évangile selon Jean. Songez aux paroles sublimes de Jean 3.16 : « Car Dieu a tant aimé le monde qu'il a donné son Fils unique, afin que quiconque croit en lui ne périsse point, mais qu'il ait la vie éternelle. » Qu'est-ce qui garantit que l'expression « quiconque croit en lui » ne s'applique qu'à ceux qui ont entendu son nom ? Quelle raison avons-nous de penser que l'affirmation du v. 18 (« celui qui ne croit pas est déjà jugé ») désigne quelque chose de *moins* ou d'*autre* que la foi explicite en Christ ?

Considérons encore Jean 5.22-24 où il est dit :

> Le Père ne juge personne, mais il a remis tout jugement au Fils, afin que tous honorent le Fils comme ils honorent le Père. Celui qui n'honore pas le Fils n'honore pas le Père qui l'a envoyé. En vérité, en vérité, je vous le dis, celui qui écoute ma parole, et qui croit à celui qui m'a envoyé, a la vie éternelle et ne vient point en jugement, mais il est passé de la mort à la vie.

Ici, Jésus établit un lien entre la foi en Christ, la foi dans le Père *par* Christ et le salut. Une conclusion inéluctable s'impose : pour être sauvée, une personne doit croire au Fils, et par le Fils au Père qui l'a envoyé. Seules ces personnes passeront de la mort à la vie.

Nous en appelons donc au texte de Jean 14.6 comme un bon résumé de l'enseignement de l'Évangile selon Jean. Du premier verset au dernier, l'apôtre montre clairement que Jésus est le seul Sauveur du monde et que ceux qui veulent être sauvés doivent croire en lui. « Celui qui croit au Fils a la vie éternelle ; celui qui ne croit pas au Fils ne verra point la vie, mais la colère de Dieu demeure sur lui » (Jn 3.36).

Actes 4.12

Voici ce qu'affirme Actes 4.12 à propos de Christ : « Il n'y a de salut en aucun autre ; car il n'y a sous le ciel aucun autre nom qui ait été donné parmi les hommes, par lequel nous devions être sauvés. » Il est vrai que ce passage ne déclare pas explicitement que la foi en Christ est absolument nécessaire pour le salut. Cependant, pour nier la nécessité de la foi en Christ, il faudrait prouver que l'expression « aucun autre nom » signifie implicitement autre chose que connaître Jésus par son nom et lui prêter allégeance. Pouvons-nous arriver à cette conclusion sans tordre le sens du texte et sans nuire au contexte plus large du passage incriminé et du livre ? On peut aussi se demander pourquoi Luc n'a pas écrit : « Il n'y a sous le ciel aucune autre *personne* par laquelle nous devions être sauvés. » Quel intérêt avait-il de mentionner un nom que ses lecteurs n'auraient pas eu besoin de connaître ?

Quelle est la signification des mots « aucun autre nom » ? Le contexte indique la bonne direction : quiconque veut être sauvé doit connaître Jésus-Christ et l'accepter. Après tout, Jean et Pierre ont été arrêtés par les autorités religieuses et déclarent pourquoi ils doivent prêcher la Bonne Nouvelle de l'Évangile. Ils annoncent la Bonne Nouvelle de Jésus pour que les hommes puissent entendre parler de Christ et croire en lui. Certes, dans ce passage, les apôtres s'adressent à un auditoire juif religieux, mais il n'y a aucune raison de penser que les païens ont moins besoin d'entendre parler de Jésus et de répondre. D'ailleurs, dans tout le livre des Actes, les apôtres vont très loin, endurent des souffrances et la persécution, sacrifiant jusqu'à leur vie pour porter le nom de Jésus à ceux qui ne l'ont jamais entendu. Ce passage et tout le livre des Actes attestent que quiconque sera sauvé le sera par Christ ; quiconque sera sauvé par Christ le sera par la grâce au moyen de la foi en lui. Dans ce contexte,

Actes 4.12 n'envisage aucun salut en dehors d'une profession de foi dans le Sauveur.

Romains 10

La place nous manque pour faire une étude exhaustive de Romains 10, mais nous pouvons cependant souligner quelques versets clés. Le verset 9 déclare : « Si tu confesses de ta bouche le Seigneur Jésus, et si tu crois dans ton cœur que Dieu l'a ressuscité des morts, tu seras sauvé. » Pourrions-nous demander une affirmation plus claire ?

Considérons encore les versets 14 à 17 où Paul expose le grand besoin de proclamer le nom de Jésus jusqu'aux extrémités du monde :

> Comment donc invoqueront-ils celui en qui ils n'ont pas cru ? Et comment croiront-ils en celui dont ils n'ont pas entendu parler ? Et comment en entendront-ils parler, s'il n'y a personne qui prêche ? Et comment y aura-t-il des prédicateurs, s'ils ne sont pas envoyés ? [...] Ainsi la foi vient de ce qu'on entend, et ce qu'on entend vient de la parole de Christ.

Ce passage est tout aussi clair que les autres textes de la Bible. Pour être réconcilié avec Christ, il faut le connaître afin de pouvoir placer sa foi en lui. C'est d'ailleurs ce qui donne l'impulsion à l'élan missionnaire. La prédication et l'évangélisation sont motivées par le désir de porter le message à tous les hommes, pour qu'ils soient sauvés à la gloire de Dieu. « Il n'y a aucune différence, en effet, entre le Juif et le Grec, puisqu'ils ont tous un même Seigneur, qui est riche pour tous ceux qui l'invoquent » (v. 12). Dieu n'établit aucune distinction parmi ceux qui doivent être sauvés, parce qu'il n'en établit pas non plus quant au moyen de les sauver.

Rien que de ces trois passages parmi beaucoup d'autres que nous pourrions citer, nous ne voyons aucune raison de croire que l'Écriture laisse la porte ouverte à des « chrétiens anonymes », des gens qui pourraient être sauvés bien que n'ayant pas placé leur confiance en Jésus-Christ. Le Nouveau Testament insiste lourdement sur le fait que nous sommes sauvés uniquement par Christ et uniquement par la foi en lui.

Réponses aux questions

Au point où nous en sommes, il est opportun d'anticiper un certain nombre d'objections les plus couramment adressées à l'exclusivisme.

Est-il juste que Dieu punisse ceux qui n'ont jamais entendu parler de Jésus-Christ ? Cette question courante découle d'une idée implicite, mais erronée, à savoir que les gens sont condamnés seulement (ou principalement) pour avoir rejeté Christ. Ceux qui ont délibérément rejeté Christ lui ont tourné le dos en connaissance de cause et méritent donc la colère divine, mais ceux qui n'ont jamais connu ni rejeté Christ seraient dans un état d'innocence devant Dieu.

Nous devons revenir aux premiers chapitres de la lettre aux Romains. Paul y déclare sans la moindre hésitation que tous les hommes sont sous la juste colère de Dieu. Ce n'est pas leur rejet de la révélation spéciale de Dieu en Jésus-Christ qui motive leur condamnation, mais leur rejet de Dieu lui-même, malgré sa révélation naturelle. Celle-ci fait connaître la vérité à tout être humain, une vérité qui aurait dû nous conduire tous à nous tourner vers Dieu. Or, nulle part dans la Bible il n'est question d'une seule personne qui se soit tournée vers Dieu en vertu de la révélation générale seule. Ce fait met en lumière un problème non lié à la révélation ni au Révélateur, mais à l'être humain. Une personne de qualité qui aurait obéi à tous les commandements de Dieu (si c'était possible) aurait le droit de présenter sa défense devant Dieu, mais il n'existe pas un seul être humain qui puisse le faire. Ils sont donc tous sous la condamnation divine à cause de leur haine et de leur rejet de Dieu. Ceux qui rejettent consciemment Christ aggravent leur cas, mais leur rejet n'est pas la cause première de leur condamnation. Quiconque aurait voulu être sauvé sans placer sa foi en Christ aurait dû mener une vie sans péché.

Sous un angle légèrement différent, on peut dire que personne ne se trouve innocent devant Dieu. Dieu ne doit le salut à personne. Ce n'est pas une question de bonté, mais de justice. Tous les hommes ont accumulé une dette de péché et sont coupables devant Dieu. Nous parlons ici de la dépravation humaine. Il n'existe qu'un seul type d'homme, l'homme prisonnier de sa nature pécheresse qu'il a héritée de son ancêtre, Adam (Ro 5.18). Et de même qu'il n'y a qu'un type d'homme, il n'y a qu'un seul type de salut, la foi en Jésus-Christ, le second Adam.

Dans ces conditions, est-il juste que Dieu punisse ceux qui n'ont jamais entendu parler de Jésus-Christ ? Oui, car tous les hommes sont pécheurs jusqu'au plus profond d'eux-mêmes. Tous ont une nature qui les incite à pécher et tous se souillent continuellement par leurs actes coupables. Même si nous espérons et prions que tout être humain entende la Bonne Nouvelle de Jésus-Christ et réponde positivement par la foi, nous savons que tous les hommes ont besoin d'entendre cette Bonne Nouvelle parce qu'ils sont déjà morts dans leurs péchés, condamnés à une éternité de justice.

Les saints de l'Ancien Testament ne connaissaient
pas Jésus-Christ et cependant ils ont été sauvés. Cela
pourrait-il se reproduire aujourd'hui ?

De nombreux chrétiens croient que ceux qui furent acceptés par Dieu dans l'Ancien Testament le furent en vertu de leurs œuvres. Ils raisonnent ainsi : puisque Christ n'était pas encore né, ces gens d'autrefois ne pouvaient pas croire en lui. C'est donc en raison de leur amour pour Dieu que celui-ci les a acceptés.

Or, Abraham se pose en exemple de ceux qui ont été sauvés à cause de leur foi dans un Messie à venir. Il est écrit dans Romains 4.3 : « Abraham crut à Dieu, et cela lui fut imputé à justice. » Pour bien comprendre cette déclaration, il faut savoir qui ou quel était l'objet de la foi d'Abraham. En qui ou en quoi le patriarche croyait-il ? Le troisième chapitre de l'épître aux Galates discute longuement la foi d'Abraham. Il ne faut surtout pas perdre de vue que l'apôtre Paul rejette catégoriquement les œuvres de l'observance de la Loi comme base du salut, aussi bien avant la venue de Christ qu'après. « La loi est-elle donc contre les promesses de Dieu ? Loin de là ! S'il avait été donné une loi qui puisse procurer la vie, la justice viendrait réellement de la loi » (Ga 3.21).

En nous plongeant dans le récit de la chute de l'humanité dans le péché, nous découvrons l'objet de la foi d'Abraham, car dans Genèse 3.15, Dieu promet un Messie.

> Je mettrai inimitié entre toi et la femme, entre ta postérité et sa postérité : celle-ci t'écrasera la tête, et tu lui blesseras le talon.

La descendance (ou semence, selon de nombreuses traductions) en question n'est autre que le Messie promis. Abraham avait donc foi dans la postérité promise par Dieu. Conscient de son péché et de son indignité devant Dieu, Abraham plaça sa confiance dans un Sauveur à venir. Si aujourd'hui notre foi porte son regard *en arrière* sur la croix, celle d'Abraham se portait *en avant* sur le même objet. Nous avons l'avantage du recul et nous voyons avec une clarté supérieure (mais tout de même bien imparfaite) ; Abraham, lui, ne voyait que confusément. Cependant, cela ne l'empêcha pas de croire, et cela lui fut compté comme justice. Abraham eut foi en Christ, comme nous devons l'avoir aujourd'hui.

N'y a-t-il pas eu dans l'Ancien Testament des païens « saints » qui ont cru tout en étant étrangers au peuple de l'alliance avec Dieu ?

Après avoir démontré que la foi dans le Sauveur promis était la clé du salut d'Abraham, nous sommes en mesure de nous demander si cette règle souffre d'exceptions, si l'Écriture fait état de personnes qui, bien qu'extérieures au peuple de l'alliance, ont été sauvées sans la foi dans le Sauveur annoncé. Nous pouvons penser à Rahab ou à Melchisédek dans l'Ancien Testament, ou encore à Corneille dans le Nouveau Testament.

Examinons le cas de Corneille comme exemple représentatif. En s'appuyant sur Actes 10.2 (« Cet homme était pieux et craignait Dieu […] »), sur Actes 10.15 (« Ce que Dieu a déclaré pur, ne le regarde pas comme souillé ») et sur Actes 10.34,35 ([…] en toute nation celui qui le craint et qui pratique la justice lui est agréable »), les inclusivistes voient dans Corneille l'exemple d'une personne qui était croyante sans s'être tournée vers Christ dans la foi. En réalité, le passage des Actes prouve justement le contraire ; il enseigne que Corneille avait besoin d'entendre la Bonne Nouvelle et de placer sa foi en Christ pour être sauvé.

Actes 11.13,14 rapporte les paroles de Pierre à propos de l'apparition de l'ange à Corneille. « Cet homme nous raconta comment il avait vu dans sa maison l'ange se présentant à lui et disant : Envoie quelqu'un à Joppé, et fais venir Simon, surnommé Pierre, qui te dira des choses par lesquelles tu seras sauvé. » Deux des informations que l'ange communique à Corneille revêtent une importance primordiale dans le cadre de cette discussion. L'ange déclare premièrement que Corneille sera sauvé grâce à un message, et deuxièmement que le salut est futur, découlant du message. Corneille entendra le message, y croira, se tournera vers Christ par la foi et sera sauvé. C'est clair comme de l'eau de roche. Corneille a beau être un homme sincère, pieux et craignant Dieu, il n'est cependant pas assimilé à un enfant de Dieu. Il n'est pas déjà sauvé quand il rencontre Pierre ; il a, au contraire, un besoin désespéré de salut par le moyen du message de Jésus-Christ. Dieu lui accorde, par grâce, le privilège d'entendre ce message et d'y répondre favorablement.

Qu'en est-il des nourrissons et des personnes mentalement handicapées ?

Je me demande souvent pourquoi Dieu ne s'est pas exprimé clairement sur le sort des enfants en bas âge ni sur celui des malades mentaux qui, tout en devant mourir comme nous, n'ont pas la possibilité de venir à Christ dans une démarche de foi. Ils ne sont pas non plus en mesure de rejeter la révélation générale de Dieu, sans parler de sa révélation spéciale. Non seulement le bébé qui meurt à l'âge de deux jours n'a pas eu la capacité de se tourner vers Christ par la foi, mais il n'a pas non plus eu la faculté de se déterminer positivement ou négativement devant la révélation que Dieu donne de lui-même dans la création. Que dire de la condition éternelle d'un tel nouveau-né ? Nous ne pouvons pas, dans les limites de ce chapitre, faire un long discours sur la sécurité éternelle des handicapés mentaux ni des enfants qui meurent en bas âge. Nous pouvons cependant poser quelques jalons utiles.

Veillons à ne pas assimiler le cas des nouveau-nés ou des malades mentaux à celui des adultes qui n'ont jamais entendu l'Évangile. Cela revient à dire que le cas des petits enfants et des handicapés n'est pas une question qui relève de l'inclusivisme ou de l'exclusivisme. En effet, lorsque nous parlons d'inclusivisme, nous envisageons le cas de personnes qui ont eu accès à la révélation générale, mais pas à la révélation spéciale ; ils ont vu la révélation de Dieu dans la création, mais ils n'ont jamais entendu parler du nom de Jésus. Dans leur cas, il s'agit de savoir si une personne peut être sauvée en vertu de la révélation générale, sans une révélation spéciale. Dans le cas des petits enfants et des malades mentaux, il s'agit de personnes qui ne peuvent réagir à *aucune* catégorie de révélation. Ces êtres humains sont cependant des enfants d'Adam et donc héritiers d'une nature pécheresse. Cependant, ils se trouvent dans une situation qui les empêche de comprendre quelque révélation divine que ce soit et d'y réagir. Ils ne rejettent pas Dieu, car dans son plan, Dieu ne leur a pas accordé la connaissance leur permettant de le rejeter.

Nous croyons ce que les premiers chapitres des Romains nous enseignent, à savoir que tous les hommes sont inexcusables de rejeter la révélation générale de Dieu dans la création. Nous voyons donc qu'au moins dans une certaine mesure, nous sommes jugés en fonction de ce que nous savons, de la connaissance qui nous est accessible. Il faut distinguer ceux qui n'ont aucune connaissance de ceux qui en ont et décident de l'ignorer. C'est pourquoi les enfants en bas âge et les malades mentaux n'entrent pas dans la même catégorie que l'homme ou la femme qui n'a jamais entendu l'Évangile. Quant à savoir si les nourrissons et les gens lourdement handicapés mentalement sont tous convertis (comme Jean-Baptiste et David dans le sein maternel) et possèdent une foi innée qu'ils ne peuvent exprimer, ou s'ils entrent dans une catégorie tout à fait différente, cela dépasse les limites de cet ouvrage. Toujours est-il que nous pouvons conclure qu'il ne faut pas les assimiler aux personnes qui n'ont jamais entendu.

Conclusion

Jésus-Christ est le seul Sauveur que le monde ne connaîtra jamais. Ceux qui seront sauvés par Dieu le seront par la foi dans ce Sauveur, ce Messie. Sachant que d'innombrables millions de personnes sur cette terre n'ont jamais entendu le nom de Jésus, nous pouvons être tentés de succomber au désespoir, car nous sommes démunis devant cette réalité dure et terrifiante. Pourtant, même dans ce désespoir, Dieu offre une espérance. L'Église est l'espoir du monde. Vous, moi et tous nos frères et sœurs dans le monde cristallisons l'espoir du monde. C'est l'Église que Dieu a chargée de porter le nom de Jésus à toutes les nations. Sachant que Dieu ne sauve que ceux qui placent leur confiance en Christ, nous sentons l'urgence et le fardeau de faire connaître l'Évangile au monde entier pour que tous puissent en prendre connaissance et croire.

Vivant dans une culture pluraliste et dans une Église de plus en plus inclusiviste, il peut nous être difficile de prendre fermement position en faveur de la vérité de la Parole de Dieu. Il le faut cependant, car il ne s'agit pas d'une question de détail, d'un point doctrinal mineur. Nier que Jésus-Christ est le seul Sauveur revient à nier le sérieux extrême de la condition humaine et la gravité de l'offense contre Dieu. Nier que la foi est le seul moyen de nous approprier les richesses de Christ revient à nier le caractère unique de la personne et de l'œuvre du Sauveur et la clarté de sa Parole. L'enjeu des revendications de Jésus à l'exclusivisme est l'Évangile lui-même. Il ne saurait y avoir un enjeu plus élevé.

Pour approfondir le sujet

MACLEOD, Donald, *The Person of Christ*, Downers Grove, Ill., InterVarsity, 1998.

MORGAN, Christopher W., Robert A. Peterson, éd., *Faith Comes by Hearing: A Response to Inclusivism*, Downers Grove, Ill., InterVarsity, 2008.

PIPER, John, *Jesus: The Only Way to God: Must You Hear the Gospel to Be Saved ?*, Grand Rapids, Baker, 2010.

LA FAILLE DANS NOTRE SAINTETÉ

Combler l'écart entre la passion pour l'Évangile et la poursuite de la sainteté

KEVIN DEYOUNG

La faille qui est exposée dans ce livre, c'est que nous nous soucions trop peu de la sainteté ou que nous ne la comprenons pas assez. Sans pression ni légalisme, l'auteur nous montre la beauté et la puissance de notre sainteté. Il transmet ainsi au lecteur non seulement le désir d'être saint, mais aussi l'espoir de le devenir.

5,5 x 8,5 po | broché | 179 pages
978-2-89082-221-4

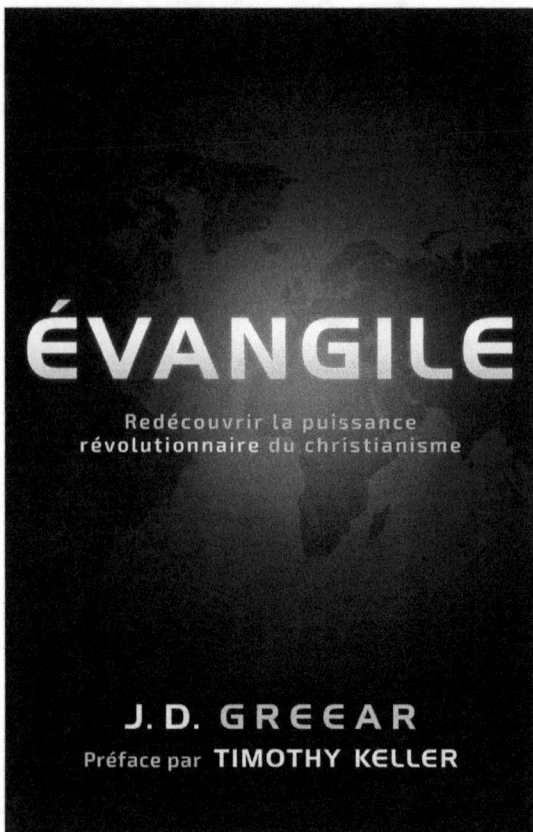

ÉVANGILE

*Redécouvrir la puissance révolutionnaire
du christianisme*

J. D. GREEAR

Évangile coupe court à la religiosité superficielle
et reconnecte le lecteur à ce message révolutionnaire : Dieu, dans sa grâce, nous accepte en Jésus-
Christ. L'Évangile fait naître dans le croyant ce
que la religion n'a jamais pu susciter : un cœur qui
désire Dieu. *Évangile* vous offre une vision capti-
vante et pratique de l'oeuvre rédemptrice de Dieu.

5,5 x 8,5 po | broché | 273 pages
978-2-924595-39-8

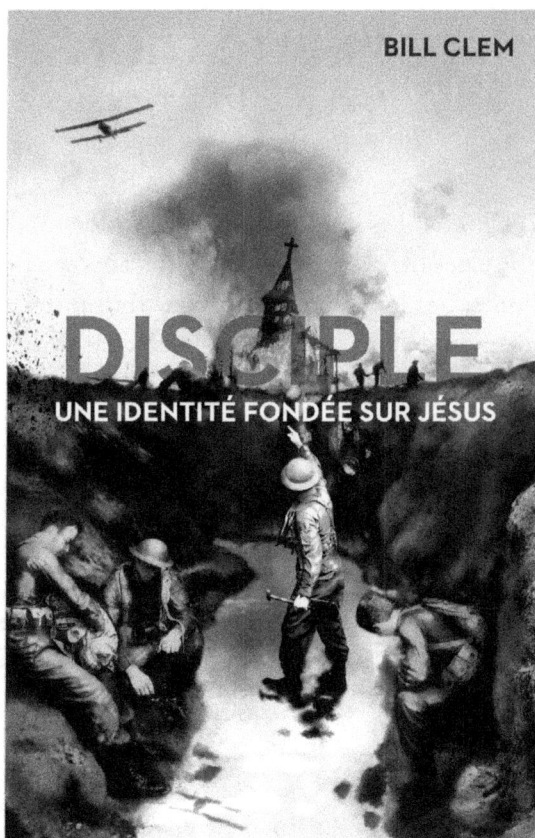

DISCIPLE
Une identité fondée sur Jésus

BILL CLEM

Disciple vous aidera à saisir que Jésus invite son peuple à la liberté plutôt qu'à simplement obéir à des règles, et ce, en vous fournissant un cadre relationnel plutôt que des instructions comportementales pour votre poursuite de Dieu.

5,5 x 8,5 po | broché | 248 pages
978-2-924110-14-0

www.ingramcontent.com/pod-product-compliance
Lightning Source LLC
LaVergne TN
LVHW051349080426
835509LV00020BA/3351